Spaghetti, Snacks & scharfe Sachen
Einfache und raffinierte Rezepte für junge Leute

Bibliografische Information der Deutschen Nationalbibliothek

Die Deutsche Nationalbibliothek verzeichnet diese Publikation
in der Deutschen Nationalbibliografie; detaillierte bibliografische
Daten sind im Internet über http://dnb.d-nb.de abrufbar.

2014 Buch & Kunstverlag Oberpfalz
Mühlgasse 2, 92224 Amberg

Rezepte:
Lobkowitz-Realschule, 92660 Neustadt a. d. Waldnaab

Konzeption und ergänzende Texte:
Wolfgang Benkhardt

Satz und Gestaltung:
Kobergers FakTory Nürnberg

Fotos:
Kobergers FakTory Nürnberg,
Lobkowitz-Realschule Neustadt a. d. Waldnaab,
Buch & Kunstverlag Oberpfalz

Druck:
Druckerei Spintler, Weiden

ISBN: 978-3-95587-011-9

Spaghetti, Snacks & scharfe Sachen

Einfache und raffinierte Rezepte
für junge Leute

Buch & Kunstverlag Oberpfalz

Geschichte unseres Logos

Vor einigen Jahren stellte sich die Schulfamilie der Lobkowitz-Realschule die Frage nach einem Leitbild. Schüler wie Lehrkräfte brachten Vorschläge ein, die von der SMV gesichtet wurden. Das Ergebnis ist das Motto „Wir sind ein starkes Team". In Zusammenarbeit mit dem Münchner Bildhauer Klaus Behr entwickelte die Schule dieses Logo, das nicht nur alle Briefköpfe ziert, sondern seit Ende 2014 auch als Granitskulptur vor der Schule die Besucher begrüßt.

Jugendliche fit für das Leben zu machen, ist eine gewaltige Aufgabe für Eltern und Bildungseinrichtungen. Gerade in den Schulen werden viele theoretische Inhalte vermittelt, die sicherlich im Hinblick auf später auszuübende anspruchsvolle Berufe oder ein umfassendes Allgemeinwissen wichtig sind. Dagegen findet sich vieles nicht in den Lehrplänen, was man braucht, um auf eigenen Beinen zu stehen und seinen Lebensalltag selbst zu gestalten; dies betrifft vor allem auch das so wichtige Gebiet der Ernährung.

Wer aber seine Füße nicht mehr unter den Küchentisch seiner Eltern stecken kann (oder will), muss schnell lernen, sich selbst gesund und ausgewogen mit Nahrung zu versorgen. Diesem Anliegen nahmen sich unsere Konrektorin, Frau Irene Sebald, und unsere Fachbetreuerin für „Haushalt und Ernährung", Frau Ulrike Niemetz, an und entwickelten das Konzept für dieses Kochbuch. Es soll jungen Menschen eine ganz konkrete Hilfestellung dabei geben, im Rahmen ihrer „sozialen Pubertät" die Ernährung selbst in die Hand zu nehmen und Geschmack daran zu finden, sich ihre Mahlzeiten ohne große Vorkenntnisse, in angemessener Zeit und mit überschaubaren Kosten wohlschmeckend sowie abwechslungsreich herzustellen; damit haben sie eine attraktive Alternative zu gekaufter Fast-Food, Fertiggerichten und Mikrowellenkost.

Sämtliche in diesem Kochbuch enthaltenen Rezepte wurden von der Schulfamilie unserer Lobkowitz-Realschule gesammelt, stammen also gewissermaßen aus dem kulinarischen Alltag und sind vielfach erprobt. Ohne übergroßen Aufwand kann man sie nachkochen — sie schmecken garantiert!

Darüber hinaus finden sich auch Tipps für die Gestaltung von Einladungen und Partys, Informationen zum passenden Geschirr und Erläuterungen bezüglich einer originellen Tischdekoration. Ergänzend werden über QR-Codes Verknüpfungen mit Videobeiträgen auf der Homepage unserer Schule geboten, durch die der Leser das Vorgehen bei nicht ganz einfachen „Küchentechniken" vor Augen geführt bekommt. Dieses Werk ist damit ein Baustein in dem umfassenden Vorhaben der Lobkowitz-Realschule, unter der Überschrift „Fit4REALife"* die Schülerinnen und Schüler auch über das Vermitteln des üblichen Unterrichtsstoffs hinaus bei ihrer Entwicklung zu lebenstüchtigen Menschen wirksam zu unterstützen.

Johannes Koller
Johannes Koller, Realschuldirektor
Lobkowitz-Realschule
Neustadt an der Waldnaab

(* eine Initiative des Bayerischen Realschullehrerverbands und der AOK)

Die Zutaten für die Gerichte im Kochbuch sind, soweit nicht anders benannt, für vier Personen berechnet.

Abkürzungen:

g	= Gramm	kg	= Kilogramm
TL	= Teelöffel	EL	= Esslöffel
ml	= Milliliter	Stck.	= Stück
Msp.	= Messerspitze	gem.	= gemahlen
TK	= Tiefkühlware		

Backtemperatur:
Soweit nicht anders angegeben, ist Ober- und Unterhitze die übliche Backofen-Variante für alle Gerichte. Dort, wo Umluft erwünscht ist, ist es ausdrücklich erwähnt.
Wer trotzdem Umluft nutzen möchte: Generell sollte die Umluft-Temperatur um 15-20 °C geringer sein als bei Ober- und Unterhitze.

Alles klar?

Wenn nicht, dann hilft vielleicht ein Besuch auf der Homepage der Lobkowitz-Realschule (**www.rs-new.de**) weiter. Dort gibt es unter der Rubrik Fit4*REAL*life/Realisierte Projekte Links zu kleinen Lehrfilmen auf der Plattform YouTube, die genau zeigen, wie's geht. Der QR-Code führt direkt dorthin.

Suppen	11–18
Salate	19–32
Dips, Snacks, Burger, Fingerfood	33–50
Grillen	51–60
Party	61–80
Pasta	81–88
Veggie-Küche	89–98
Pikantes	99–116
Süßes	117–126
Gebäck, Kuchen, Torten	127–150
Aperitifs, Drinks, Cocktails	151–159

Gewürze

Chili:
Chilis sind das Schärfste, was das Gewürzregal zu bieten hat. Chilis geben fast jedem Gericht den letzten Kick, je länger man frische Schoten mitgart, desto intensiver entwickelt sich die Schärfe. Beim Pulver bitte vorsichtig dosieren! Aber scharf ist auch gesund, denn Chili und Co. heizen dem Immunsystem ein und stärken somit unsere Abwehrkräfte.

Curry:
Curry ist eine beliebte indische Gewürzmischung aus ca. 12–15 verschiedenen Gewürzen für Reis- und Getreidegerichte, Geflügel, Fisch und Soßen.

Ingwer:
Die Wurzel der Ingwerpflanze gehört heute zu den beliebtesten Gewürzen der Welt und schmeckt erfrischend zitronig bis würzig/scharf – je nach Herkunft. Am besten schmeckt Ingwer frisch, egal ob gerieben, in hauchdünne Scheiben geschnitten, gewürfelt oder gepresst. Die Wurzel verleiht nicht nur asiatischen Gerichten mit Huhn oder Meeresfrüchten den letzten Pfiff, auch Chutneys, Marinaden und Soßen profitieren von diesem außergewöhnlichen Geschmack.

Kümmel:
Kleine braune Fruchtsamen in gemahlener oder ganzer Form. Sie regen den Appetit an und fördern andererseits die Verdauung. Ideal zu Kartoffeln, Hackfleisch, Braten, Brot und Quark.

Muskat:
Die Muskatnuss ist eigentlich der Samenkern einer aprikosenähnlichen Frucht. Am liebsten wird der runde Kern frisch gerieben, so entwickelt er sein würziges Aroma am besten. Muskat passt zu Kartoffelgerichten aller Art, Eiergerichten, Kürbis und Kohl. Die Muskatnuss sollte in einem verschließbaren Behältnis dunkel und kühl gelagert werden, dann hält sie sich bis zu drei Jahren.

Paprika:
Paprikagewürz passt zu vielen Gerichten und rundet Speisen geschmacklich ab. Man unterscheidet Paprika anhand der Schärfe. Zu den mildesten Sorten zählt die Gemüsepaprika, zu den schärfsten Peperoni und Chili. Je nach Schärfegrad der Frucht wird das Pulver in verschiedene Sorten unterteilt, z. B. Delikatess-, Edelsüß-, Halbsüß- oder Rosenpaprika, sprich von mild bis scharf. Je heller die Färbung des Paprikapulvers ist, umso schärfer ist es.

Pfeffer:
Die kleine runde Beerenfrucht des echten Pfefferstrauches ist in schwarz, weiß und grün erhältlich. Grüne Pfefferkörner sind unreif gepflückt worden und haben die mildeste Schärfe. Trocknet man grüne unreife Pfefferkörner in der Sonne, werden sie schwarz und entwickeln die brennendste Schärfe. Weißer Pfeffer wurde nach einiger Zeit der Wässerung von seinem reifen roten Fruchtfleisch befreit und getrocknet. Pfeffer passt zu fast jedem Gericht.

Vanille:
Das wohl beliebteste Gewürz beim Backen und Zubereiten von Süßspeisen ist die Vanille. Die schwarzen, langen Schoten enthalten ein schwarzes Mark, welches herausgeschabt wird. Zwei Drittel des Geschmacks stecken jedoch in der Schote selbst, weshalb diese immer mitgekocht werden sollte. Schließlich ist Vanille hinter Safran das zweitteuerste Gewürz der Welt. Vanille verleiht vor allem Kuchen, Plätzchen, Eis und vielen anderen Desserts sowie Süßspeisen ein unwiderstehliches Aroma.

Safran:
Die roten Fäden mit der unglaublichen gelben Färbekraft sind die getrockneten Blütennarben einer in Vorderasien beheimateten Krokusart. Die Gewinnung der dünnen Narben von Hand ist sehr aufwändig, was sich in einem hohen Preis niederschlägt. Safran ist das teuerste Gewürz der Welt. Speisen wie Paella, Nudeln oder Risotto werden damit ideal gewürzt und erhalten eine typisch gelbe Farbe.

Sternanis:
Diese wunderschönen sternförmigen getrockneten Fruchtblätter eines Magnolienbaumes mit den rotbraunen Samenfrüchten stammen aus China. Besonders beliebt ist Sternanis in Glühwein-, Tee- und Weihnachtsgewürz. Man würzt damit gerne Pflaumenmus, und es passt ganz hervorragend zu süß-sauren Entengerichten.

Zimt:
Zimt ist ein typisches Gewürz des Orients und zählt zu den ältesten bekannten Aromen. Zimt, meist als gerollte Stange oder als Pulver erhältlich, ist die Rinde des Zimtbaumes. Es schmeckt süßlich und wird daher am häufigsten in Desserts und Backwaren verwendet. Zimt verliert schnell sein Aroma und muss deshalb luftdicht, trocken und dunkel aufbewahrt werden.

Den Tisch richtig eindecken

Die Teller:
Wenn es festlich sein soll, empfiehlt sich ein Platzteller. Darauf wird dann der Teller für den jeweiligen Gang platziert: Teller für den Hauptgang, darauf der Suppen- bzw. Vorspeisenteller.

Das Besteck:
Es wird ganz klassisch in der Reihenfolge des Menüs von außen nach innen eingedeckt und benutzt. Die Gabeln liegen immer links, Messer und Suppenlöffel rechts vom Teller. Konkret sieht das so aus:
Ganz rechts liegt der Suppenlöffel, daneben das Vorspeisenmesser (Klinge nach innen gerichtet), direkt neben dem Teller das Messer für den Hauptgang. Links vom Teller liegt die Gabel für den Hauptgang, links daneben die Gabel für die Vorspeise. Über dem Teller wird das Besteck für die Nachspeise platziert.

Die Gläser:
Sie werden oberhalb der Messer aufgestellt: rechts außen ist das Wasserglas, links daneben ein Weißweinglas, dann ein Rotweinglas.

Die Servietten:
Normalerweise werden sie auf dem oben stehenden Teller platziert. Steht der erste Gang schon bereit, werden sie links neben die linke Besteckreihe gelegt.

Fleischbrühe	12	Zucchinisuppe	15
Einlagen für Suppen	13	Blätterteiggebäck	15
Parmesanknödelchen	13	Kartoffelsuppe	16
Wiener Kaiserschöberl	13	Gulaschsuppe	16
Eierstich	13	Chilisuppe	17
Kräuterfädle	13	Schnelle Tomatensuppe	17
Kürbissuppe	14	Brokkoli-Cremesuppe	17
Schnelle Gemüsebrühe	15	Gemüsesuppe mit Pesto	18

Suppen

Wurzelwerk
ist die Grundlage vieler Suppen und besteht aus Sellerie, Lauch und Gelben Rüben: einem Gemüsetrio, das in den meisten Supermärkten gemeinsam als Suppengemüse angeboten wird.

Fleischbrühe

250–500 g Rindfleisch zum Kochen
evtl. 250–500 g Rinderknochen
1 Wurzelwerk
etwas Liebstöckel
1½–2 l Wasser
Salz und Petersilie

Wurzelwerk waschen und grob schneiden. Fleisch, Knochen und Liebstöckel kurz kalt waschen. Alle Zutaten in kaltem Wasser zusetzen, leicht salzen, zugedeckt bei mäßiger Hitze zum Kochen bringen und ca. 1 ½–2 Stunden köcheln lassen. Anschließend Fleisch, Knochen und Gemüse entfernen, evtl. als Einlage verwenden. Die Brühe nach Bedarf abschöpfen und abschmecken. Mit Petersilie garnieren.

Einlagen für Suppen

Parmesanknödelchen

100 g Butter	1 Knoblauchzehe
2 Eier	Salz und Pfeffer
100 g Parmesan	Paniermehl
1 EL Petersilie	¾ l Brühe

Butter, Eier, Parmesan und Petersilie gut miteinander mischen und mit Salz und Pfeffer kräftig würzen. Soviel Paniermehl dazugeben, dass eine knetbare Masse entsteht. Kleine Bällchen formen. In der heißen Brühe gar ziehen lassen.

Wiener Kaiserschöberl

40 g Butter	2 EL Milch
1 Prise Salz	80 g Mehl
3 Eigelb	3 Eiweiß

Den Backofen auf 150 °C vorheizen. Butter, Salz und Eigelb schaumig rühren. Milch und Mehl unterrühren. Eiweiß zu Schnee schlagen. Vorsichtig unterheben. Masse auf ein vorbereitetes Blech fingerdick verstreichen und ca. 12–15 Minuten backen. Schräg in Rauten schneiden und in der Suppe servieren.

Eierstich

2 Eier	4–6 EL Milch oder Brühe
Salz, Muskat	Fett für die Form

Eier mit Salz und Flüssigkeit gut verquirlen und in eine gut gebutterte glatte Form geben. Zugedeckt im Wasserbad 45–60 Minuten stocken, aber nicht kochen lassen. Anschließend stürzen, in Würfel oder Rauten schneiden und in die Brühe einlegen. Nicht mehr kochen.

Kräuterfädle

2 Eier	1 Prise Muskat
2 EL Mehl	2 EL Kräuter
2 EL Milch	25 g geriebenen Käse
1 Prise Salz	

Alle Zutaten zu einem dünnflüssigen Teig verrühren. In 2–3 EL Backfett 2 dünne Pfannkuchen ausbacken, abkühlen lassen und in feine Streifen schneiden. Kurz vor dem Servieren mit der Suppe übergießen oder in die Brühe einlegen.

Kürbissuppe

500 g Kürbisfleisch
Für die Einbrenne:
20 g Fett (Butter oder Öl)
½ Zwiebel
25-40 g Mehl
¾-1 l Brühe
Salz, reichlich Curry

Zum Verfeinern:
⅛ l Milch oder Sahne
1 Eigelb

Kürbisfleisch von Kernen befreien und in ca. 2–3 cm große Würfel schneiden.
Für die Einbrenne die Zwiebel fein schneiden und im Fett glasig dünsten. Mehl zugeben und goldgelb rösten. Kürbis zugeben, umrühren und zwei Minuten mitdünsten. Kurz abkühlen lassen. Nach und nach die Brühe aufgießen und die Suppe gut glatt rühren. Bei mittlerer Hitze offen ca. 15 Minuten köcheln lassen. Kräftig mit Curry abschmecken. Nach Belieben mit Milch oder Sahne verfeinern. Mit einem verquirltem Eigelb verrühren (legieren). Danach aber nicht mehr kochen.

Schnelle Gemüsebrühe

Gmöissuppn Oberpfalz
minestrone Italien
vegetable soup England
soupe de légumes Frankreich
grönsakssoppa Schweden
zeleninová polévka Tschechien

1 ¼–1 ½ l Gemüsebrühe
Schnittlauch
200 g Tiefkühlgemüse
Pfannkuchenreste

Tiefkühlgemüse nach Anleitung in der Brühe gar kochen. Pfannkuchen nudelartig fein schneiden und in eine angewärmte Terrine geben. Mit abgeschmeckter kochender Brühe übergießen, sofort mit dem Schnittlauch bestreuen und zu Tisch geben. Nicht mehr kochen lassen.

Zucchinisuppe mit Blätterteig-Kleingebäck

1 Zwiebel
1 EL Butter
600 g Zucchini
¾ l Gemüsebrühe
½ Becher Sahne
Dill (nach Belieben)

Zwiebel schälen, fein würfeln und in Butter andünsten. Zucchini waschen und die Stielansätze entfernen, würfeln und zusammen mit der Zwiebel kurz andünsten. Gemüsebrühe vorsichtig aufgießen. Die Suppe ca. 20 Minuten köcheln lassen. Sahne zum Verfeinern zugeben. Die fertige Suppe mit dem Pürierstab fein pürieren. Nicht mehr kochen lassen. Vor dem Servieren Dill über die Suppe streuen.

Blätterteiggebäck

1 Packung TK-Blätterteig
2 EL Milch
1 EL Sesam

Blätterteig auftauen lassen. Aus den Teigplatten Formen ausstechen und auf einem mit Backpapier ausgelegtem Backblech verteilen. Das Gebäck mit Milch bestreichen, evtl. Sesam über die Gebäckstücke streuen. Bei 200 °C Ober- und Unterhitze im Backofen 10 Minuten backen, bis sie goldgelb sind. Noch warm zur Zucchinisuppe servieren.

Kartoffelsuppe

1 Zwiebel	30 g Fett
1 Knoblauchzehe	¾-1 l Brühe
1 Karotte	etwas Salz
1 Stück Lauch	1 TL Majoran
etwas Sellerie	1 Paar Wienerle
500 g Kartoffeln	etwas Petersilie

Zwiebel und Knoblauch in kleine Würfel schneiden. Kartoffeln, Karotte, Lauch und Sellerie waschen, putzen und in Würfel schneiden. Fett erhitzen und das vorbereitete Gemüse darin andünsten. Brühe aufgießen, ca. 15 Minuten kochen lassen. Mit Salz und Majoran würzen, danach pürieren. Die Wienerle in Scheiben schneiden und in der Suppe erhitzen. Petersilie klein schneiden und damit die Suppe garnieren.

Gulaschsuppe

700 g Rindfleisch	1 EL Paprikapulver
2 große Zwiebeln	1 TL Salz
1 rote Paprika	etwas Pfeffer
1 grüne Paprika	1-2 Knoblauchzehen (zerdrückt)
5 Kartoffeln	1 ¼ l heißes Wasser
1 kleine Dose Tomatenmark	evtl. 1 EL Mehl und einige EL Wasser
1 TL Rosmarin	evtl. Cayennepfeffer
1 TL Majoran	

Rindfleisch in ein Zentimeter große Stücke schneiden, Zwiebeln klein würfeln, Paprikaschoten klein würfeln, Kartoffeln schälen und würfeln. Rindfleisch mit den Zwiebeln scharf anbraten, alle restlichen Zutaten zugeben, Gewürze und das heiße Wasser dazugeben. Die Suppe ca. 1 bis 1 ½ Stunden köcheln lassen. Nach Belieben kann die Suppe noch mit im kalten Wasser angerührtem Mehl schwach gebunden werden. Wer es schärfer mag, kann mit Cayennepfeffer nachwürzen.

Chilisuppe

1 Zwiebel
2 Knoblauchzehen
1 EL Öl
200 g Rinderhack
1 Chilischote
2 EL Mehl
½ l Brühe
1 Dose passierte Tomaten
Pfeffer, Salz, Chili
1 Dose Kidneybohnen
2 EL Petersilie
Weißbrot

Zwiebel und Knoblauchzehen schälen und würfeln. Das Öl in einem Topf erhitzen und das Hackfleisch anbraten. Zwiebel- und Knoblauchwürfel zugeben und kurz andünsten. Die Chilischote in Ringe schneiden, zugeben, mit dem Mehl bestäuben und langsam mit der Brühe unter Rühren aufgießen. Tomaten zugeben. Mit Salz, Pfeffer und Chili pikant würzen. Kidneybohnen abseihen, abbrausen, zugeben und 5 Minuten erwärmen. Petersilie darüberstreuen. Mit dem Weißbrot servieren.

Schnelle Tomatensuppe

2 Pck. passierte Tomaten
(alternativ gehäutete und
pürierte frische Tomaten)
1 Zwiebel
1 Knoblauchzehe
Oregano
1 EL Butter
Salz und Pfeffer
etwas Sahne
150 ml Wasser

Die Zwiebel klein würfeln und in einem Topf in der Butter anbraten. Danach den Knoblauch fein hacken, hinzugeben und kurz mit anbraten. Die passierten Tomaten und das Wasser dazu in den Topf geben. Alles 5 Minuten aufkochen. Mit Pfeffer, Salz und Oregano abschmecken. Auf Suppenteller füllen und vor dem Servieren auf jeden Teller einen Klecks angerührter Sahne geben.

Brokkoli-Cremesuppe

500 g Brokkoli
1 Zwiebel
25 g Butter
¾ l Gemüsebrühe
⅛ l Sahne
Muskatnuss
2 EL Mandelblättchen

Brokkoli-Blätter entfernen, Röschen abschneiden, Stängel schälen, in Stücke schneiden und beides waschen. Die Zwiebel schälen und in Würfel schneiden. Die Butter in einem Topf zerlassen und die Zwiebelwürfel darin andünsten. Die Brokkoli-Röschen und Stängel zugeben, kurz andünsten und mit der Gemüsebrühe aufgießen. Das Ganze ca. 10 Minuten bei mittlerer Hitze kochen lassen, anschließend die Suppe pürieren. Sahne zugießen und die Suppe mit Muskatnuss abschmecken (die Suppe darf nicht mehr kochen!). Zuletzt die Mandelblättchen in einer Pfanne ohne Fett anrösten und die Suppe damit garnieren.

Gemüsesuppe mit Pesto

1 EL Olivenöl
1 Zwiebel, fein gehackt
1 große Porreestange, in feinen Ringen
1 Selleriestange, in dünnen Scheiben
1 Karotte, geviertelt und in dünnen Scheiben
1 Knoblauchzehe, fein gehackt
1400 ml Wasser
1 Kartoffel, gewürfelt
1 kleiner Kohlrabi, gewürfelt
150 g grüne Bohnen, in kleinen Stücken
150 g Erbsen
2 kleine Zucchini, längs geviertelt, in Scheiben
Salz und Pfeffer
400 g Bohnen aus der Dose, abgespült und abgetropft
100 g Spinatblätter, in dünnen Streifen

Für das Pesto:
1 große Knoblauchzehe, fein gehackt
15 g frisches Basilikum
75 g Parmesan, frisch gerieben
4 EL Olivenöl

Das Öl bei mittlerer Hitze in einem Topf erwärmen. Darin Zwiebeln und Porree etwa 5 Minuten unter Rühren weich dünsten. Sellerie, Karotte und Knoblauch zugeben und 5 Minuten unter Rühren dünsten. Wasser, Kartoffel, Kohlrabi und grüne Bohnen zugeben. Aufkochen, dann die Hitze reduzieren und abgedeckt 5 Minuten köcheln lassen. Erbsen, Zucchini und Bohnen zugeben, kräftig mit Salz und Pfeffer würzen. Abdecken und 25 Minuten kochen, bis das Gemüse weich ist.
Für den Pesto Knoblauch, Basilikum und Parmesan in den Mixer geben und mit dem Olivenöl zu einer glatten Paste verrühren. Zwischendurch die Masse vom Schüsselrand abstreifen. Die Spinatblätter zur Suppe geben und 5 Minuten leicht kochen. Abschmecken und einen Esslöffel Pesto einrühren. Sofort servieren. Dazu das restliche Pesto reichen.

Salatöle	20	Karottensalat	27
Kartoffelsalat	22	Nudelsalat	30
Gemischter Salat	23	Tortellinisalat	30
Grundrezept Salatsoße	23	Kürbiskerndressing	31
Salat mit Biss	24	Senf-Honig-Vinaigrette	31
Pikante Salattorte	24	Dressing für Salate	31
Fruchtiger Spargelsalat	25	Salatdressing	32
Maissalat	26	Meerrettich-Dressing	32
Old-Western-Salat	26	French Dressing	32
Eiersalat	27		

Salate

Salatöle

Erdnussöl:
Es ist ein Öl der asiatischen Küche und wird überall dort verwendet, wo der Eigengeschmack anderer Zutaten verstärkt werden soll. Es schmeckt nämlich neutral und ist reich an ungesättigten Fettsäuren. Daher lässt es sich auch stark erhitzen, ist also sogar zum Frittieren geeignet.

Kürbiskernöl:
Es ist eine Spezialität aus der Steiermark. Aus den gerösteten Kernen verschiedener Arten des Ölkürbisses wird das delikate Öl gewonnen. Es ist dunkelgrün und dickflüssig und schmeckt nussig und etwas herb. Kürbiskernöl schmeckt gut in herzhaften Salaten wie Wurst-, Kartoffel-, Eier- oder Krautsalat.

Olivenöl:
Dafür werden Oliven in mehreren Durchgängen gepresst. Farbe und Geschmack des Öls hängen von Sorte und Erntezeit der Oliven ab. Das Öl aus der ersten Pressung ist das hochwertigste (Natives Olivenöl und Natives Olivenöl Extra). Olivenöl passt zu allen Salaten, ist aber zum Braten und Frittieren ungeeignet.

Traubenkernöl:
Ein Feinschmeckeröl, das aus Weintraubenkernen gepresst wird. Es schmeckt intensiv fruchtig und nussig zugleich. Traubenkernöl passt hervorragend zu Salaten mit Geflügel oder Fisch und zu Blattsalaten.

Walnussöl:
Es wird aus frischen Walnüssen gepresst, hat ein duftiges, feines Nussaroma und eine klare, hellgelbe Farbe. Das hochwertige Öl sollte nur in der kalten Küche verwendet werden

Rapsöl:
Rapsöl ist ein pflanzliches Öl, das aus den Samen von Raps gewonnen wird. Die Samen werden entweder kalt oder warm gepresst, so dass durch die Pressung Öl entsteht. Rapsöl ist durch seine ausgewogenen Fettsäuren sehr gesund, besonders der große Anteil von ungesättigten Fettsäuren und Alpha-Linolensäuren ist von Vorteil. Beim Einkaufen kann man die kalt gepressten und warm gepressten Öle an ihrer Farbe unterscheiden. Das kalt gepresste Öl ist sehr gelb, das warm gepresste eher gelblich bis transparent. Wenn die Farbe des Öls durch eine dunkle Flasche nicht erkennbar ist, sollte auf dem Etikett ein Zusatz wie „kalt gepresst" oder „nativ" vermerkt sein. Kalt gepresstes Rapsöl hat einen leicht nussigen Geschmack. Anders als Olivenöl kann das raffinierte Rapsöl bis zu 180 °C erhitzt werden und eignet sich damit auch zum Frittieren, Braten und Kochen. Aber auch zur Zubereitung von kalten Speisen wie Salaten oder zum Marinieren ist es gut verwendbar, da es das Eigenaroma anderer Zutaten nicht überdeckt.

Sonnenblumenöl:
Das „Gold der Sonnenblume" ist besonders reich an Vitamin A und besitzt ausgesprochen heilende Wirkstoffe. Durch seine entschlackende und entgiftende Wirkung wird es vor allem in der Naturheilkunde und Kosmetik oft eingesetzt. Sonnenblumenöl enthält bis zu 77 Prozent Linolsäure und bis zu 40 Prozent Ölsäure. Der Gehalt an wertvollen Inhaltsstoffen ist abhängig davon, welchen Temperaturen die Pflanze beim Heranwachsen ausgesetzt ist. Aber auch in der Küche kann man auf Sonnenblumenöl einfach nicht verzichten: Während raffiniertes Öl häufig als Rohstoff bei der Herstellung von Margarine verwendet wird, sollte man das kalt gepresste Sonnenblumenöl nicht zu stark erhitzen, da es sich auf Grund des hohen Anteils an ungesättigten Fettsäuren leicht zersetzt. Es eignet sich aber ideal zur Zubereitung von Salaten oder bereits fertig gegartem Gemüse.

Lagerung:

Speiseöle sollten stets an einem dunklen, kühlen Ort gelagert werden. Gekühlt bedeutet in diesem Fall nicht gleich die Lagerung im Kühlschrank. Wer täglich mit Speiseölen kocht, muss sich dann nämlich mit geflocktem oder eingedicktem Öl herumärgern. Weiterhin sollten die Flaschen immer gut verschlossen sein. So bleibt das Aroma des Öls erhalten und auch die Haltbarkeit wird erhöht.

Kartoffelsalat

1 kg Kartoffeln, überwiegend festkochend
3 mittelgroße Zwiebeln
100 ml Raps- oder Sonnenblumenöl
1 EL mittelscharfen Senf
30 ml Apfelessig
100 ml warme Gemüse- oder Fleischbrühe
1 Bund glatte Petersilie
Salz und Pfeffer nach Geschmack

Den Boden eines Kochtopfes mit Wasser füllen. Kartoffeln hineinlegen und ca. 30–45 Minuten (je nach Größe) bei mittlerer Hitze zugedeckt gar kochen. Mit einer Gabel hineinstechen, um zu testen, ob die Kartoffeln schon durch sind: Wenn die Gabel schön leicht einsticht, dann sind die Kartoffeln fertig. Wenn die Kartoffeln aber noch hart sind, müssen sie zugedeckt weitergaren.
Die fertig gegarten Kartoffeln noch warm schälen und in Scheiben schneiden. Die Zwiebeln schälen, würfeln und in der Hälfte des Öls in einer Bratpfanne glasig anschwitzen. So kann man den Salat länger aufheben, denn rohe Zwiebeln schmecken nach einer Weile penetrant metallisch.
Senf, Salz, Pfeffer, restliches Öl, Essig und Gemüsebrühe zu den Zwiebeln geben und alles gut mischen. Das Dressing über die Kartoffeln gießen und alles vorsichtig vermengen. Zum Schluss die Petersilie waschen, fein hacken und unterheben.

Tipp: Man kann den Salat mit wachsweich gekochten und geviertelten Eiern, grünen Bohnen, Gurken- und Radieschenscheiben dekorieren oder ihn aus bunten Kartoffelsorten herstellen. Dann wird der Salat noch bunter und abwechslungsreicher!

Für Salate gilt allgemein:
Alle grünen Salate und Gemüsesorten erst kurz vor dem Servieren marinieren. Härteres Gemüse (z. B. Paprika, Karotten, Kartoffeln) ca. 15 Minuten durchziehen lassen.
Salatplatten sollten möglichst abwechslungsreich und farbenfroh gestaltet sein und nicht überladen werden. Immer daran denken: Das Auge isst mit!

Grundrezept für eine Salatsoße:

Je eine Messerspitze Salz und Pfeffer mit
1 Esslöffel Essig in einem Schüsselchen verrühren,
4 Esslöffel Öl dazugeben, nochmal rühren. Fertig!

Gemischter Salat

1 grünen Salat (z. B. Kopfsalat)
1 Salatgurke
250 g Partytomaten
oder 1-2 Paprika

Für das Dressing:
6-9 EL Essig oder Zitronensaft
3 EL Wasser
4-6 EL Öl
1 TL Salz
1 TL Zucker
½-1 TL Zwiebel
¼-½ Silberzwiebel
1 Ei
1 EL Kräuter
(Basilikum, Petersilie, Schnittlauch, Dill ...)

Die äußeren Salatblätter entfernen. Dann den Salat putzen, waschen und anschließend in Stücke reißen. Die Gurke schälen und hobeln oder schneiden. Die Partytomaten waschen und danach halbieren beziehungsweise die Paprika waschen, halbieren und unter fließendem Wasser die Kerne entfernen und dann in Stücke schneiden.
Für das Dressing Zwiebel und Silberzwiebel sowie die Kräuter fein hacken und mit allen anderen Zutaten gut vermengen. Kurz vor dem Servieren über den Salat geben.

Salat mit Biss

800 g Salat (Kopfsalat oder Pflücksalat)
8 Minitomaten
einige Stängel Schnittlauch
Petersilie
3 EL Olivenöl

2-3 EL Balsamicoessig
Salz, Pfeffer, Zucker
4 Scheiben Weißbrot
80 g Kürbiskerne
Parmesan zum Reiben

Salat waschen und in kleine Stücke rupfen. Tomaten waschen und halbieren. Salat und Tomaten in eine Schüssel geben. Schnittlauch und Petersilie waschen und klein hacken. Aus Öl, Essig und den Gewürzen ein Dressing herstellen. Zu den Kräutern geben. Das Weißbrot in Würfel schneiden und ohne Fett in der Pfanne rösten. Zusammen mit den Kürbiskernen über den Salat streuen.
Das Dressing über den Salat geben. Parmesan darüberreiben.

Pikante Salattorte

1 kleinen Eissalat
1 Salatgurke
5 Tomaten
1 Gemüsezwiebel
1 kleine Stange Lauch
250 g gekochter Schinken
5 hart gekochte Eier
300 g geraspelter Gouda

Zum Garnieren:
Cocktailtomaten

Für die Soße:
1 kleines Glas Salatmayonnaise (ersatzweise Joghurt)
1 Becher Sahne
1 TL Chinagewürz
Salz, Pfeffer, 1 Prise Zucker, gehackte Petersilie
2 Bund Schnittlauchröllchen
1 gepresste Knoblauchzehe

Eissalat waschen, putzen und in Streifen schneiden. Gurke waschen und in Scheiben schneiden. Tomaten waschen und ebenfalls in Scheiben schneiden. Gemüsezwiebel in Halbringe schneiden. Lauch putzen, waschen und in feine Ringe schneiden. Schinken würfeln, Eier schälen und in Scheiben schneiden.
Die Salatzutaten der Reihenfolge nach in eine Springform oder einen Tortenring füllen, dabei jede Lage andrücken und mit geraspeltem Käse abschließen. Die Salattorte zugedeckt kühl stellen und etwa zwölf Stunden durchziehen lassen.
Die Zutaten für die Salatsoße vermengen. Wichtig: Die Salatsoße wird separat zur Salattorte gereicht.
Zum Schluss wird die Salattorte mit Cocktailtomaten wie eine Torte garniert. Den Rand der Form vorsichtig lösen, und die Salattorte mit dem elektrischen Messer in Stücke schneiden.

Fruchtiger Spargelsalat

1 Bund grünen Spargel
einige Stangen weißen Spargel
einige Erdbeeren
Rucola oder Feldsalat
etwas Parmesan

Für das Dressing:
60 ml Fruchtwein oder Gemüsebrühe
3 EL weißen Balsamico
3 EL Orangensaft
Mark einer Vanilleschote
6 EL Öl (Walnussöl)
Salz, grünen oder roten Pfeffer, Zucker

Den Spargel putzen und schräg in mundgerechte Stücke scheiden. Mit Salz und einer Prise Zucker 10 bis 15 Minuten aufkochen, wobei der grüne Spargel erst später dazugegeben wird, weil er schneller weich wird. Nach der Kochzeit den Spargel noch etwas im Wasser ziehen lassen. Erdbeeren säubern und vierteln.
In einem Topf den Fruchtwein, Balsamico, Orangensaft, die Gewürze und das Vanillemark zum Kochen bringen. Danach erkalten lassen und über den Spargel gießen. Der Spargel soll vier bis fünf Minuten in dieser Marinade ziehen (öfter einmal umrühren). Rucola oder Feldsalat auf einem flachen Teller anrichten, den Spargel und die Erdbeeren darauf verteilen. Das Öl mit dem Dressing mischen und über den Salat träufeln. Etwas Parmesan darüberhobeln.

Maissalat

2 Tomaten
½ Salatgurke
1 Apfel
1 Dose Mais

2 EL Öl
2 EL Essig
Salz, Zucker

Das Gemüse und den Apfel klein schneiden und den Mais dazugeben. Aus Öl, Essig und den Gewürzen eine Salatsoße anrühren und darübergeben.

Old-Western-Salat

150 g Langkornreis
150 g Erbsen
1 kleine rote Paprika
1 kleine grüne Paprika
4 Mini-Salami
150 g Mais (Dose)
150 g rote Bohnen (Dose)

6 EL Ketchup
4 EL Weißweinessig
3 EL Sonnenblumenöl
1 TL Tomatenmark
Paprika, Salz, Pfeffer
Petersilie

Reis in Salzwasser kochen, fünf Minuten vor Ende der Garzeit die Erbsen zugeben. In einem Sieb abgießen und den Reis mit kaltem Wasser abschrecken. Die Paprika würfeln, Mini-Salami in Scheiben schneiden, Bohnen und Mais abtropfen lassen. Alle Zutaten in einer Schüssel vermengen. Ketchup mit Essig, Öl und Tomatenmark glatt rühren und mit Salz, Pfeffer und Paprika würzen. Gehackte Petersilie unterrühren, dann die Soße mit dem Salat vermengen.

Eiersalat

6 Eier
1 Tomate
1 kleine Zwiebel
½ Gurke
2 Gewürzgurken

etwas Dill
Petersilie
Salz, Pfeffer
1 kleiner Becher saure Sahne

Eier hart kochen, gut abschrecken, schälen und klein schneiden. Tomate, Zwiebel und Gurken in kleine Würfel schneiden. Kräuter fein hacken.
Alles in einer Schüssel vermischen. Mit Salz und Pfeffer abschmecken. Saure Sahne kurz vor dem Servieren unterheben.

Karottensalat

1 kg Karotten
2 Äpfel

Für die Salatsoße:
100 ml Apfelsaft
1 Spritzer Zitronensaft
2 EL weißen Balsamicoessig
2 EL Rapsöl
1 EL Kürbiskernöl
½ TL Salz

Karotten und Äpfel raspeln und vermischen.
Aus den anderen Zutaten eine Salatsoße herstellen und dazugeben.

Blickfang einer jeden Tafel

ist das Porzellan, das auch einiges über seinen Besitzer verrät. Man sollte deshalb bei der Gründung eines eigenen Hausstands auch etwas Zeit in die Wahl des richtigen Geschirrs investieren. Viele Porzellanhersteller, darunter die Firma Seltmann in Weiden i. d. OPf., von der das hier abgebildete Porzellan der Reihen „Trio" und „No Limits" stammt, haben ein breit gefächertes Sortiment und auch ein Musterzimmer, in dem man sich schnell einen Überblick über die verschiedenen Serien verschaffen kann. Markenware ist zwar teurer als Billigartikel in Discountern, hat aber neben dem „Heimatgedanken" entscheidende Vorteile. Man sichert Arbeitsplätze in der jeweiligen Region und kann Artikel meist einige Jahre nachkaufen: ungemein wichtig, wenn einmal ein Teil zu Bruch geht oder man das Service erweitern will.

Wer besonders vornehm tafeln möchte, benutzt einen Platzteller, der etwas größer als der Teller für das Hauptgericht ist und auf dem nicht gegessen wird. Der Teller sollte immer einen Daumen breit von der Tischkante entfernt stehen. Auch die Form des Tisches ist wichtig: Runde Tische fördern die Kommunikation und haben keine schlechten und guten Plätze, eckige Tische haben den Vorteil, dass man einen Gast – zum Beispiel ein „Geburtstagskind" – an der schmalen Seite einen Ehrenplatz zuweisen kann.

Nudelsalat

250 g Nudeln (z. B. Hörnchennudel)
200 g Miracel Whip Balance
1 EL Ketchup
1 TL Senf
½ TL Paprikapulver, edelsüß
2 EL Gurkenflüssigkeit

Salz und Pfeffer
200 g Fleischwurst oder 4 Wiener
200 g Käse in Stücken
(Gouda, Edamer, Emmentaler)
2 Tomaten
1 Dose Erbsen oder Mais
6 Gewürzgurken/Essiggurken

Die Nudeln zehn bis zwölf Minuten in Salzwasser kochen, abgießen und kalt abschrecken. Abkühlen lassen. In einer großen Schüssel Miracel Whip, Ketchup, Senf, Paprika, Gurkenwasser, Salz und Pfeffer verrühren. Wurst klein schneiden, Käse und Tomaten würfeln und Essiggurken in Scheibchen schneiden und zusammen mit den Erbsen oder dem Mais zu den Nudeln geben und unterheben. Mit der Soße vermengen und kalt stellen, je länger, desto besser, gern über Nacht.

Tortellinisalat

2 Packungen Tortellini
300 g Salatgurke
300 g gekochten Schinken
3 Stangen Porree
(nur das Weiße)

300 g Tomaten
1 großes Glas
Miracel Whip
1 Becher saure Sahne
6 Zehen Knoblauch

Tortellini in Brühe nach Packungsanleitung kochen. Salatgurke schälen und in Stifte schneiden. Schinken klein würfeln. Porree (nur das Weiße) und Tomaten klein schneiden. Knoblauchzehen reiben und das Ganze mit Miracel Whip und saurer Sahne vermischen und kalt stellen.

Kürbiskerndressing

3 EL Kürbiskerne
2 Bund Schnittlauch
6 EL Apfelessig
1 TL Honig
½ TL Meerrettich
(frisch oder aus dem Glas)
100 ml Rinderbrühe
6 EL Kürbiskernöl
Salz, frisch gemahlenen Pfeffer, 1 Prise Zucker

Kürbiskerne in einer Pfanne ohne Fett anrösten, abkühlen lassen und grob hacken. Den Schnittlauch waschen, trocken schütteln und in Röllchen schneiden. Essig, Honig, Meerrettich, Brühe, Salz, Pfeffer und Zucker vermischen. Das Öl einrühren. Das Dressing kräftig abschmecken und den Schnittlauch und die gehackten Kerne dazugeben.

Passt zu Feldsalat und gegrillten Champignons.

Senf-Honig-Vinaigrette Dressing für Salate

80 ml Weißweinessig
100 ml Wasser
100 ml Öl
(Distel-, Walnuss-, Sonnenblumenöl)
2 TL Geflügelbrühe
2 TL Honig
2 TL Senf
Salz und Pfeffer

Alle Zutaten in einen Shaker/Schüttelbecher geben oder mit einem Schneebesen verrühren, so lange bis eine gleichmäßige Soße entsteht. Dann kräftig mit Salz und Pfeffer abschmecken und mit dem gemischten Salat vermengen.

Passend dazu:
Eisbergsalat, Tomaten, Gurken, Paprika, Mais, Eier, Käse, Zwiebeln...

Salatdressing

Salatsoße
Deutschland
Dressing
USA
French Dressing
England
sauce de salade
Frankreich
condimento per insalata
Italien

1 EL Essig
2 EL Öl
1 Prise Zucker
1 Prise Salz
2 EL Wasser
beliebige saisonale Kräuter

Die Kräuter klein schneiden und alles vermischen.
Passt wunderbar zu Eisbergsalat.

Meerrettich-Dressing

1 Knoblauchzehe
1 EL Meerrettich (aus dem Glas)
3 EL Kräuteressig
1 EL Honig
1 TL mittelscharfen Senf
4 EL saure Sahne
4 EL Rapsöl
Salz, frisch gemahlenen Pfeffer und Zucker
1 Bund Schnittlauch

Den Knoblauch schälen und fein hacken. Zusammen mit den Zutaten (außer Schnittlauch) gut verrühren. Den Schnittlauch waschen, trocken schütteln und in feine Röllchen schneiden. Zufügen und das Dressing abschmecken.

Passt zu allen Blattsalaten und zu Tomaten.

French Dressing

1 kleine Knoblauchzehe
1 Eigelb
1 EL mittelscharfen Senf
3 EL Weißweinessig oder hellen Balsamico
1-2 TL Zucker
9 EL Sonnenblumenöl
Salz, frisch gemahlenen schwarzen Pfeffer

Die Knoblauchzehe schälen und sehr fein hacken. Das Eigelb mit dem Knoblauch, Senf, Essig und Zucker kräftig aufschlagen. Langsam das Öl in einem dünnen Strahl dazufließen lassen. Das sämige Dressing mit Salz und Pfeffer abschmecken.
Passt zu herben Salaten wie Radicchio oder Romanasalat.

Dinkelbrot 34
Brotaufstriche 35
Senf-Tomaten-Dip 36
Dip-Dreierlei 36
Gurkenraita 37
Frischkäsedip 37
Bayrischer Obazda 37
Paprika-Aufstrich 37
Mozzarellaspieße 38
Käserolle 39
Parmesansterne 39
Frischkäsehörnchen 42
Grissini 42
Pikante Pizzataschen 43
Pizza-Auflauf „Avanti“ 43
Pizzapastete 43
Tortillaschnecken 44
Strammer Lax 44
Lachs-Spinat-Rolle 44
Schafskäsetaschen 45
Tomatenkörbchen 45
Hamburger 46
Cheeseburger 47
Bayrisch-Burger 48
Burgermuffins 49
Westernburger 49
Spongebob-Burger 50
Veggieburger 50
Baconburger 50

Snack Fingerfood Burger Snacks Snacks Snacks Fingerfood Dips

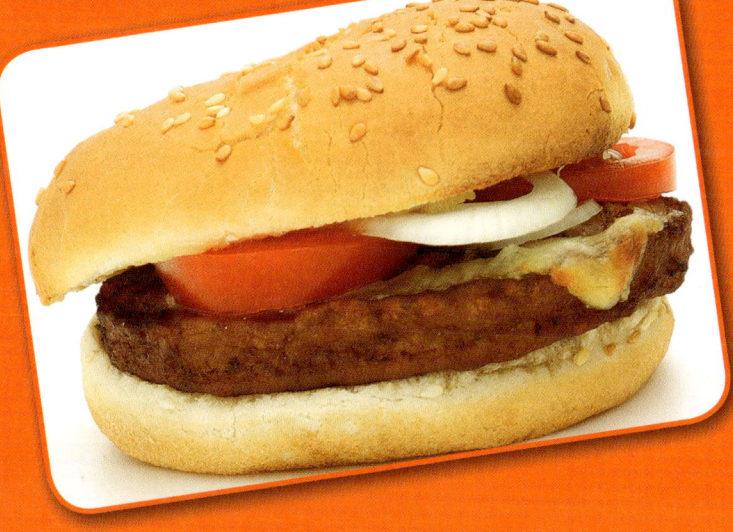

Broud
Oberpfalz

pane
Italien

bread
England

pain
Frankreich

ekmek
Türkei

chleba
Tschechien

Dinkelbrot

600 ml lauwarmes Wasser
1 TL Vollrohrzucker
1 Würfel Hefe
1 EL Magerquark
650 g Dinkelvollkornmehl
100 g Sonnenblumenkerne
2 gestrichene TL Salz
etwas Butter

Wasser, Vollrohrzucker, Hefe und Magerquark miteinander verquirlen, anschließend Mehl, Sonnenblumenkerne und Salz untermengen. Alles gut miteinander mischen. 30 Minuten an einem warmen Ort aufgehen lassen. Eine Kastenform (30 Zentimeter Länge) gut mit Butter ausstreichen, die Masse einfüllen und fünf bis zehn Minuten gehen lassen, dann in den kalten Ofen schieben. Auf der untersten Schiene bei 220 °C etwa eine Stunde backen.

Verschiedene Brotaufstriche ...

Und so einfach wird's gemacht:
Alle Zutaten zerkleinern und vermengen.

... mit Thunfisch

1 Karotte
1 Zucchini
1 Dose Thunfisch in Öl
100 g Salatcreme
oder Halbfettmayonnaise
Salz
Pfeffer

... mit Leberwurst

250 g Kalbsleberwurst
2 Essiggurken
1 Zwiebel
2 EL Crème fraîche oder Schmand
Pfeffer

... mit Schinken

200 g Frischkäse
2 rote Paprika
2 Zwiebeln
3-4 Essiggurken
3-4 Scheiben
gekochten Schinken
Salz
Pfeffer
etwas Ketchup

... mit Käse

1 große Zwiebel
200 g Frischkäse
200 g Streichkäse
200 g körniger Frischkäse
Salz
Pfeffer
Paprika

Senf-Tomaten-Dip

60 g Joghurt
100 g Crème fraîche
1 EL Senf, mittelscharf
1 EL Tomatenmark
Salz

Joghurt und Crème fraîche mit einer Gabel glatt rühren. Senf, Tomatenmark und Salz unterrühren.

Dip-Dreierlei für Gemüse

Zutaten für 8 Portionen:
900 g Joghurt
900 g Crème fraîche
300 g Mayonnaise
2 Bund frisch gehackte Kräuter
1 Zwiebel
Saft von 1 Zitrone
einige Spritzer Tabasco
1 Prise Zucker
etwas Salz, Pfeffer
je 4 EL Honig, Currypulver, Obstessig
1 hart gekochtes Ei
2 EL Tomatenketchup
2 EL Tomatenwürfel
2 Schnapsgläser Sherry
2 EL Obstessig

Für den Kräuterdip 300 g Joghurt, 300 g Crème fraîche, 150 g Mayonnaise, Kräuter, Zitronensaft, Tabasco, Zucker, Salz und Pfeffer mischen.

Für den Currydip 300 g Joghurt, 300 g Crème fraîche, 150 g Mayonnaise mit Honig, Curry, Obstessig, gehacktem Ei, Salz und Pfeffer mischen.

Für den Tomatendip 300 g Joghurt, 300 g Crème fraîche, Tomatenketchup, Tomatenwürfel, Sherry, Essig, Salz und Pfeffer mischen.

Tipp: Die Dips eignen sich gut zu verschiedene Gemüsesorten wie. Möhren, Gurken, Paprika. Dazu einfach das Gemüse in dünne Streifen schneiden, auf einer Platte anrichten und die Dips dazu reichen.

Gurkenraita

250 ml Magerjoghurt
150 g Gurke
Salz
Pfeffer
1 Msp. gemahlenen Kreuzkümmel
½ TL Zucker

Den Joghurt mit dem Schneebesen cremig schlagen. Die Gurke schälen, von den Kernen befreien und fein hacken, mit dem Salz, dem Pfeffer und dem Kümmel zum Joghurt geben und gut verrühren.

> **Raita** ist ein indisches Gericht oder eine Beilage auf Joghurtbasis. Raita wird traditionell als Begleitspeise zu diversen anderen indischen Gerichten wie Curry, Dal, süß-pikantem und sauer eingelegtem Gemüse oder indischem Brot gereicht. Es lässt sich nach persönlichem Geschmack vielfältig mit anderen Speisen kombinieren.

Frischkäsedip

250 g Frischäse
200 g Crème fraîche mit Kräutern
1 Pck. italienische Kräuter
1 Knoblauchzehe
2 EL Mayonnaise
etwas Salz

Alle Zutaten miteinander vermengen.

Bayrischer Obazda

200 g Käse (Brie)
30 g Butter
2 Frühlingszwiebeln
2 EL Sauerrahm
¼ TL Paprikapulver, scharf
1 TL Paprikapulver, edelsüß
2 Msp. Pfeffer, schwarz
1 Msp. Kümmel, gemahlen
¼ TL Salz
½ TL Senf, mittelscharf
30 ml Bier

Die Rinde vom Brie-Käse wegschneiden. Den restlichen Käse dann in grobe Stücke zerschneiden. Zwiebeln würfeln (das Grün für die spätere Deko beiseite legen). Alle Zutaten in einem Suppenteller mit einer Gabel zerdrücken und vermengen. Zwiebelgrün in Ringe schneiden und den Obatzdn damit dekorieren. Kühl stellen.

Paprika-Aufstrich

200 g Frischkäse
150 g Magerquark
Salz
Pfeffer
Paprikapulver
1 rote Paprika

Frischkäse mit dem Quark verrühren, bis eine glatte Creme entsteht. Mit Salz, Pfeffer und Paprikapulver würzen, Paprika in feine Würfel schneiden und unter die Creme heben.

Mozzarellaspieße mit Dip

Zutaten für 12 Stück
12 kleine Mozzarellakugeln
12 Kirschtomaten
einige Basilikumblätter
10 EL Balsamico-Essig
6 EL Olivenöl
Salz
Pfeffer
Holzspieße

Die Mozzarellakugeln mit Küchenpapier abtupfen. Die Tomaten halbieren. Basilikum waschen und trocken schütteln. Pro Holzspieß eine Mozzarellakugel, zwei Tomatenhälften und einige Basilikumblätter aufstecken. Aus den restlichen Zutaten ein Dressing bereiten und zum Dippen zu den Mozzarellaspießchen reichen.

Mozzarella ist ein italienischer Frischkäse, der in nur zwei bis drei Tagen reift. Er besteht aus Büffel- oder Kuhmilch. Auch ein Gemisch aus beiden ist möglich.

Mozzarella ist Bestandteil der typischen italienischen Küche und sollte möglichst frisch verwendet werden.

Käserolle

400 g Edamer
125 g weiche Butter
200 g Frischkäse mit Kräutern
4 hart gekochte Eier
200 g Schinken
eingelegte Paprikastreifen

Die Käsescheiben auf ein mit Backpapier ausgelegtes Backblech legen, so dass sie sich etwas überlappen und dann bei ca. 100 °C in den Backofen schieben, bis die Käsescheiben zusammenschmelzen. Danach das Blech herausnehmen und abkühlen lassen. In der Zwischenzeit aus der Butter und dem Frischkäse eine Creme herstellen und dann die in kleine Stückchen geschnittenen Eier zugeben. Diese Creme auf dem Käse gleichmäßig verstreichen und darauf den Schinken und die Paprikastreifen legen. Nun das Ganze zusammenrollen, in der Mitte halbieren und in Alufolie einwickeln. Über Nacht im Kühlschrank fest werden lassen.

Parmesansterne mit Tomaten und Oliven

250 g Mehl
125 g Butter
2 Eier
100 g Parmesan
½ TL Salz
1 EL Kräuter
etwas Pfeffer

Für den Belag:
200 g getrocknete Tomaten, in Öl eingelegt
80 g Frischkäse
30 schwarze Oliven, entkernt
etwas Kresse
etwas Parmesan

Mehl, Butter, Eier und Parmesan mit Salz, Kräutern und etwas Pfeffer zu einem Mürbeteig verkneten. Den Teig in Klarsichtfolie wickeln und mindestens eine Stunden ruhen lassen. Den Teig auf einer bemehlten Arbeitsfläche ca. fünf bis sechs Millimeter dick ausrollen und möglichst große Sterne ausstechen. Der Teig zieht sich beim Backen wieder etwas zusammen. Die Sterne auf ein mit Backpapier belegtes Blech legen und circa 20 bis 25 Minuten bei 180 °C backen. Etwas auskühlen lassen.
Inzwischen die gut abgetropften Tomaten in feine Streifen schneiden. Auf die abgekühlten Parmesankekse jeweils ein wenig Frischkäse geben, eine Olive daraufsetzen, dann ein paar Tomatenstreifen dazugeben und das ganze mit etwas Kresse bestreuen. Zum Schluss noch ein wenig gehobelten Parmesan darüberstreuen.

Prominente Köche testen die Gerichte

Bei einem Kochnachmittag mit prominenten Teilnehmern wurde die Alltagstauglichkeit etlicher Rezepte dieses Buches getestet. Der Direktor der Lobkowitz-Realschule, Johannes Koller, band sich ebenso die Schürze um wie der Bürgermeister der Stadt, Rupert Troppmann. Auch Volksbank-Prokurist Bertram Erhardt, Marketingleiter Gerold B. Welz von der Porzellanfirma Seltmann, Hofcafé-Betreiberin Astrid Kriechenbauer und einige andere schwangen den Kochlöffel. Der kurzweilige Nachmittag war ein echter Mutmacher für alle, die sich ans Kochen heranwagen wollen: Alle Gerichte bestanden den Praxistest und schmeckten echt lecker. Lediglich bei der Optik gab es hier und da kleine Punktabzüge.

Frischkäsehörnchen

400 g Mehl
250 g weiche Butter
200 g Frischkäse
2 Eigelb

Für die Füllung:
250 g gemahlene Nüsse
200 g Zucker
etwas süße Sahne
2 Eiweiß
Puderzucker zum Bestäuben

Alle Teigzutaten zu einem glatten Teig kneten und kalt stellen. Dann die Füllung zubereiten. Die gemahlenen Nüsse mit dem Zucker und der Sahne vermischen. Das Eiweiß zu steifem Schnee schlagen und unterheben. Den Teig auf einer bemehlten Arbeitsfläche rechteckig ausrollen. In Dreiecke schneiden und auf der breiten Seite die Füllung aufstreichen. Zu Hörnchen aufrollen und diese auf ein gefettetes Backblech legen. Im vorgeheizten Backofen bei 180 °C ca. 30 Minuten backen. Nach dem Backen werden die kalten Frischkäsehörnchen mit Puderzucker bestäubt.

Tipp: Man kann sie auch pikant mit Salami, Schinken und Käse füllen.

Grissini

1 gestrichenen TL Zucker
1 gehäuften TL Salz
1 Eiweiß
7 TL Olivenöl
150 ml lauwarmes Wasser
1 ½ Pck. Trockenhefe
360 g Mehl
100 ml Olivenöl
italienische Trockenkräuter

Zucker, Salz, Eiweiß, Olivenöl und Wasser verrühren. Hefe und Mehl hinzugeben und den Teig verrühren. 30 Minuten gehen lassen. Teigstücke zu Rollen formen und aufs Backblech geben. Olivenöl und Kräuter vermischen und das Kräuteröl auf den Rollen verstreichen. Am Schluss bei 190 °C (Umluft) ca. zehn Minuten goldbraun backen.

Pikante Pizzataschen

Für 12 Stück:
1 Rolle Pizzateig aus dem Kühlregal
Für die Füllung:
50 g Schinken
50 g Salami
50 g Paprika rot
½ TL frisch gehackte Petersilie oder Basilikum
1 TL Pizzagewürz
50 g Raspelkäse
1 Eigelb

Den Pizzateig auf einem Brett ausrollen. Mit einem Trinkglas (Durchmesser ca. 8 Zentimeter) Kreise ausstechen. Schinken und Salami in kleine Würfel schneiden. Paprika waschen, putzen und würfeln. Dann Wurst und Paprika miteinander vermischen und auf die Mitte der Teigkreise kleine Häufchen verteilen. Die Teigstücke dann zusammenklappen, so dass gefüllte Halbkreise entstehen. Ränder andrücken. Teigtaschen mit Eigelb bestreichen und mit Raspelkäse bestreuen, anschließend das Pizzagewürz darüberstreuen. Gefüllte Pizzataschen auf ein Backblech legen. Den Ofen auf 200 °C vorheizen. Pizzataschen auf der zweiten Schiene von unten ca. 15–17 Minuten backen.

Pizza-Auflauf „Avanti"

200 g Salami
200 g Gouda
200 g Champignons
je 1 rote und gelbe Paprika
3 Eier
200 ml Milch
200 g Mehl
1-2 EL Pizzagewürz

Salamischeiben mit Mehl bestäuben und würfeln. Gouda reiben. Champignons und Paprika waschen und würfeln. Alle Zutaten in eine große Schüssel geben und gut mischen. Anschließend in eine gefettete Auflaufform geben und bei 200 °C etwa 35 Minuten backen.

Pizzapastete

1 Rolle Blätterteig aus dem Kühlregal
300 g Schinken
1 Apfel
3 Tomaten
300 g geriebenen Gouda
50 g Salami
Oregano oder Pizzagewürz
1 Eigelb
1 EL Milch

Den Blätterteig ausrollen und mit der Hälfte des Schinkens belegen. Den Apfel in kleine Würfel und die Tomaten in dünne Scheiben schneiden. Apfel, Tomaten und Salamischeiben auf dem Schinken verteilen. Mit dem Pizzagewürz bestreuen und mit dem restlichen Schinken zudecken. Das Eigelb mit der Milch verrühren. Den Strudel einrollen, auf ein Backblech legen und mit der Eiermilch bestreichen. Bei 180 °C ca. 30 Minuten backen.

Tortillaschnecken

4 Tomaten
1 Zwiebel
4 EL Tomaten-Chilisoße
(aus der Flasche)
1 Kopfsalat
200 g Doppelrahmfrischkäse
150 g Crème fraîche
1 Beutel Tortillas
4 Stiele Petersilie
250 g Putenbrustaufschnitt
Petersilie zum Garnieren,
Salz, Pfeffer, Paprikapulver

Tomaten waschen, vierteln und entkernen. Fruchtfleisch fein würfeln. Zwiebel schälen, fein würfeln. Tomaten- und Zwiebelwürfel mit der Chilisoße verrühren. Salat putzen, waschen, trocken schütteln und in feine Streifen schneiden.
Frischkäse und Crème fraîche verrühren, mit Salz und Pfeffer abschmecken. Tortillas mit der Frischkäsecreme bestreichen. Mit Paprikapulver bestreuen. Petersilie waschen, hacken und daraufstreuen. Putenbrustaufschnitt, Soße und Salatstreifen darauf verteilen. Jeweils fest aufrollen und mindestens vier Stunden in den Kühlschrank stellen. Rollen vorsichtig in ca. 3 Zentimeter dicke Scheiben schneiden und mit Petersilie garnieren.

Strammer Lax

(für eine Person)
1 große Scheibe Schwarzbrot
50 g Räucherlachs
Butter
Meerrettich im Glas
1 Ei
Butter
Salz und Pfeffer
gehackte Petersilie

Die Brotscheibe in einem Langschlitz-Toaster rösten, währenddessen einen Teelöffel Butter in einer kleinen Pfanne erhitzen (nicht zu heiß werden lassen), das Ei hineinschlagen und zu einem knusprigen Spiegelei braten, zuletzt mit Salz und Pfeffer würzen. Das getoastete Schwarzbrot auf ein Brotzeitbrett legen, mit Butter bestreichen, darauf den Räucherlachs legen, diesen dünn mit Meerrettich bestreichen, darauf das Spiegelei aus der Pfanne gleiten lassen, mit der Petersilie verzieren. Zusammen mit einem Steakbesteck servieren.

(Eines der Lieblingsrezepte unseres Direktors Johannes Koller)

Lachs-Spinat-Rolle

450 g Rahmspinat
5 Eier
100 g geriebenen Käse
200-300 g Frischkäse
1-2 Pck. Räucherlachs

Den Spinat mit den Eiern und dem geriebenen Käse verrühren, auf ein mit Backpapier ausgelegtes Backblech geben und im Ofen bei 180 °C ca. 10 bis 15 Minuten backen. Diese Masse muss nun auskühlen. Die Spinatmasse bestreicht man danach mit dem Frischkäse und legt den Lachs darauf. Jetzt vorsichtig zusammenrollen, halbieren und in Alufolie einpacken. Über Nacht in den Kühlschrank legen.

Schafskäsetaschen

Zutaten für 20 Stück:
175 g Mehl
Salz
3 EL Olivenöl
100 ml Weißwein
abgeriebene Schale von ½ unbehandelten Zitrone
1 Zwiebel
1 Knoblauch
150 g Schafskäse
1 Ei
2 EL frisch gehackte Petersilie
Pfeffer
1 TL edelsüßes Paprikapulver
30 g Butter
Backpapier
1 Eigelb

Mehl, Salz und zwei Esslöffel Öl mit Wein und Zitronenschale zu einem glatten Teig kneten. In Folie wickeln und 30 Minuten kühl stellen. Zwiebeln und Knoblauch schälen und hacken. Mit Schafskäse, Ei und Petersilie zu einer cremigen Masse verrühren und würzen. Backofen auf 170 °C (Umluft 150°C) vorheizen. Den Teig dünn ausrollen und Teigkreise von acht Zentimeter Durchmesser ausstechen. Mit flüssiger Butter bestreichen. Einen Löffel Schafskäsecreme auf jeden Kreis geben und zusammenklappen. Auf ein mit Backpapier belegtes Blech legen und mit verquirltem Ei bestreichen. Zehn Minuten backen, danach abkühlen lassen.

Tomatenkörbchen

Zutaten für 12 Stück:
12 mittelgroße Tomaten
200 g Frischkäse
2 EL Sahnemeerrettich
40 g Joghurt
5 EL frisch gehackten Schnittlauch
Salz
Pfeffer

Von den Tomaten oben einen Deckel so abschneiden, dass in der Mitte ein Henkel stehen bleibt. Die Tomaten vorsichtig aushöhlen. Frischkäse mit Sahnemeerrettich, Joghurt und drei Esslöffeln Schnittlauch verrühren und mit Salz und Pfeffer abschmecken. Die Füllung in einen Spritzbeutel geben. Die Tomaten damit füllen und mit restlichem Schnittlauch garniert servieren.

Hamburger

1 Gemüsezwiebel
2 Tomaten
6 Frühlingszwiebeln
800 g Hackfleisch vom Rind
2 Becher saure Sahne
2 TL Worcestersauce
2 TL Pfeffer
4 TL Senf
2 EL Mayonnaise
2 EL Tomatenketchup
6 EL Semmelbrösel
8 Hamburgersemmeln
Salatblätter
Schmelzkäsescheiben (nach Belieben)

Zwiebel in Ringe schneiden und in Eiswasser legen. Tomaten in Scheiben schneiden und in eine Schüssel geben. Frühlingszwiebeln fein hacken. Das Grüne zur Hälfte mitschneiden.
Hackfleisch, Frühlingszwiebeln, saure Sahne, Worcestersauce und Pfeffer gut durchmengen. Aus der Hackfleischmischung flache Burger formen (am besten aus Kugeln, die dann auf einem Schneidebrett flach gedrückt werden). Senf, Mayonnaise und Ketchup für die spätere Soße vermischen.
Auf dem Grill oder in der Pfanne das Fleisch von beiden Seiten schön braun werden lassen. Kurz vor Garende die halbierten Hamburgersemmeln mit auf den Grill legen oder in einer Pfanne ohne Fett kurz anrösten. Dann die Burger mit allen Zutaten zusammenstellen. Nach Belieben auch eine Scheibe Schmelzkäse darauflegen.

Cheeseburger

Für die Burger:
660 g Rinderhackfleisch
je 1 Prise Salz und Pfeffer
1 EL Senf
4 Burgerbrötchen

Für den Belag:
4 Essiggurken
4 Salatblätter
je 4 EL Senf und Ketchup
4 Edamer Käsescheiben
1 Tomate
1 Zwiebel

Zuerst Rinderhack, Salz, Pfeffer und Senf für die Burger in eine Schüssel geben und gut vermengen. Danach die Masse in die Anzahl der Burgerbrötchen teilen und dann in der Größe der Brötchen platt drücken. Danach Essiggurken, Tomate und Zwiebel in dünne Scheiben schneiden. Die Salatblätter gründlich waschen. Nun die Brötchen auseinanderschneiden und jeweils die Innenseite anrösten. Das funktioniert am besten mit einer Pfanne ohne Fett. Danach die Burger mit Fett in einer Pfanne anbraten. Nach dem ersten Wenden mit der Zwiebel und den Käsescheiben belegen. Danach die Pfanne mit einem Deckel oder einem Teller abdecken. In der Zwischenzeit die untere Hälfte der Brötchen mit der gewünschten Menge an Ketchup und Senf bestreichen. Das Salatblatt sowie, Tomaten- und Essiggurkenscheiben sowie zum Schluss das Fleisch mit den Zwiebeln und dem Käse darauflegen und Brötchendeckel daraufsetzen. Fertig!

Bayrisch-Burger

2 EL Mayonnaise
Petersilie und Schnittlauch
1 Tomate
4 Scheiben Leberkäse
200 g (fertigen) Krautsalat
2 EL süßen Senf
4 Kaisersemmeln

Zuerst die Kräuter klein schneiden und in die Mayonnaise geben. Danach die Tomate waschen und in Scheiben schneiden. Tomaten und Leberkäse mit etwas Öl in einer Pfanne anbraten.
Semmeln halbieren und die untere Hälfte mit der verfeinerten Mayonnaise bestreichen. Nun kommt zuerst der Salat, dann der Leberkäse, eine Schicht Senf, die Tomatenscheiben und dann noch eine Schicht Krautsalat darauf. Fertig!

Burgermuffins

Zutaten für 12 Muffins:
1 Zwiebel
100 ml Öl
150 g gemischtes Hackfleisch
Salz, Pfeffer
½ Bund Petersilie
Butter und Mehl für die Form

280 g Mehl
2 TL Backpulver
½ TL Natron
1 Ei
100 g geriebenen Gouda
300 g Naturjoghurt

Zum Füllen und Verzieren:
je 12 Käsescheiben, Tomatenscheiben, Gurkenscheiben

Die Zwiebel abziehen, halbieren und in feine Würfel schneiden. 2 EL Öl in einer Pfanne auf höchster Stufe erhitzen und die Zwiebelwürfel darin anbraten. Dann das Hackfleisch dazugeben und braten, bis es grau und krümelig ist. ½ TL Salz und 1 Prise Pfeffer hinzufügen. Petersilie waschen, trocken schütteln, klein hacken und unter das fertig gebratene Hackfleisch mischen. Den Ofen auf 180 °C vorheizen. Die Vertiefungen in der Muffinform mit Butter fetten und mit Mehl bestäuben. Das Mehl in eine Schüssel geben, mit dem Backpulver, dem Natron und 1 TL Salz vermischen. In eine weitere große Schüssel das Ei aufschlagen und mit einem Schneebesen verquirlen. Restliches Öl, Käse und Joghurt unterrühren. Das Mehlgemisch zum Eigemisch geben und verrühren. Dann die Hackfleischmischung unter den Teig rühren. Den Teig in die Muffinformen füllen und im Backofen ca. 30 Minuten backen. Die fertigen Muffins aus dem Ofen holen, fünf Minuten ruhen lassen, dann aus der Form lösen und kurz abkühlen lassen. Die Muffins in der Mitte durchschneiden und mit Käse-, Gurken- und Tomatenscheibe belegen.

Westernburger

1 grüne Paprikaschote
1 Zwiebel
2 kleine Putenschnitzel
1 TL Pflanzenöl
4 EL Mais (Dose)

6 EL Salsasoße
Salz, Pfeffer
4 Semmeln (Roggen- oder Kaisersemmeln)
2 EL saure Sahne
4 Salatblätter

Die Paprika waschen und Kerne rausnehmen, dann mit der Zwiebel und den Putenschnitzeln würfeln. Öl in einer Pfanne erhitzen. Fleisch- und Zwiebelwürfel darin anbraten. Paprikawürfel und Mais hinzugeben und alles ca. fünf Minuten garen. Die Salsasoße unterrühren und mit Salz und Pfeffer abschmecken.
Semmeln im vorgeheizten Backofen bei 200 °C ca. 3 Minuten aufbacken und aufschneiden. Die unteren Semmelhälften mit saurer Sahne bestreichen und mit Salatblättern belegen. Die Füllung auf den Semmeln verteilen und mit der oberen Brötchenhälfte abdecken und warm servieren.

Spongebob-Burger

12 Fischstäbchen
4 Hamburgersemmeln
4 TL Remoulade
4 TL Tomatenketchup
2 Zwiebeln
4 Salatblätter
2 Gewürzgurken

Die Fischstäbchen nach Anleitung in der Pfanne braten. Die Semmeln aufschneiden und mit der Remoulade und dem Ketchup bestreichen. Die Zwiebeln in Scheiben schneiden und auf die untere Seite der Semmeln verteilen. Mit jeweils einem Salatblatt, 3 Fischstäbchen und ein paar in Scheiben geschnittenen Gewürzgurken belegen. Die obere Semmelhälften nun darauflegen.

Veggieburger

1 Zwiebel
400 g Kidneybohnen aus der Dose
100 g geriebenen Käse
100 g Paniermehl
1 Ei
Salz und Pfeffer
Mehl zum Bestäuben
1 EL Pflanzenöl
Semmeln
Salatblätter
Tomate(n)
Essiggurken
Ketchup, Senf oder Mayonnaise

Zwiebel klein hacken. Die Bohnen in einem Sieb abtropfen lassen und abspülen. In einer Schüssel zu einem Brei zerdrücken (mit einer Gabel). Die klein gehackte Zwiebel, den Käse, das Paniermehl und das Ei hinzugeben. Zuletzt mit Salz und Pfeffer abschmecken.
Das Pflanzenöl in einer Pfanne erhitzen. Die Hände mit Mehl bestäuben und aus der Masse ungefähr 8 kleine oder 4 große Burger formen. In der heißen Pfanne von beiden Seiten in Pflanzenöl anbraten. Die Burger in einer Semmel mit Salatblatt, Tomate und Essiggurken anrichten. Nach Belieben Ketchup, Senf oder Mayo hinzufügen.

Baconburger

1 kg Hackfleisch vom Rind
16 Scheiben Bacon (Frühstücksspeck)
4 Scheiben Toastbrot
4 Eier
2 fein gewürfelte Zwiebel
Salz, schwarzen Pfeffer
2 EL Senf, Knoblauch
Chilipulver, Maggi

Rinderhackfleisch mit eingeweichtem und ausgedrücktem Brot, Eiern, fein gewürfelten Zwiebeln und Gewürzen gut mischen und mit nassen Händen Knödel formen. Die Knödel auf einem Schneidebrett flach drücken und mit je zwei Baconscheiben umwickeln, danach in einer Pfanne oder am Grillrost braten. Schließlich wie alle anderen Burger weiterverarbeiten.

Barbecuespieße	52	Marinade „American Dream"	57
Saltimboccaspieße	53	Asiatische Marinade	57
Putenbrustspieße	53	Rotweinmarinade	57
Meerrettich-Preiselbeer-Schmand	55	Eieraufstrich	58
		Baguette	58
Surf-'n'-Turf-Spieße	55	Knoblauchbrot	58
Dänische Lachsspieße	55	Pita	59
Grillmarinaden	56	Steinofenbrot	59
Grillmarinade für Fleisch & Gemüse	56	Stockbrotteig	59
		Zwiebelkuchen	60
Scharfe Grillmarinade	56		

Grillen

Barbecuespieße

4 Bratwürste oder 400 g Hüftsteak
300 g gegarte Maiskolben (vakuumverpackt)
1 Zucchini
2 rote Zwiebeln
6 Holzspieße

Für die Marinade:
1 Knoblauchzehe
1 EL Öl
Zucker
400 g passierte Tomaten
Salz, Pfeffer
2 EL Balsamico-Essig
nach Belieben Käse zum Bestreuen

Würstchen oder Steaks in drei Zentimeter große Stücke oder Würfel, Maiskolben in ein Zentimeter dicke Stücke schneiden. Zucchini waschen, putzen, in Scheiben schneiden. Zwiebeln abziehen, in Spalten schneiden. Alle Zutaten abwechselnd aufspießen. Knoblauch abziehen und fein würfeln. In Öl glasig dünsten, zuckern und leicht karamellisieren. Mit Tomaten auffüllen, aufkochen, fünf Minuten bei kleiner Hitze köcheln lassen. Soße mit Salz, Pfeffer und Essig abschmecken. Die Spieße auf einem gut geölten Rost Die Spieße auf einem gut geölten Rost von allen Seiten grillen, dabei mit der Tomatensoße beträufeln. Vor dem Servieren nach Belieben mit Käsespänen bestreuen.

Saltimboccaspieße

500 g Kalbfleisch am Stück
1 Bio-Zitrone
½ Bund Petersilie
2 Salbeizweige
Salz, Pfeffer
2 EL Olivenöl
Öl für den Rost
8 Scheiben rohen Schinken

Kalbfleisch in acht etwa 15 mal 3 Zentimeter große Streifen schneiden. Zitrone heiß waschen, trocken tupfen, Von der Schale einen Teelöffel abreiben. Saft auspressen. Petersilien- und Salbeiblätter fein hacken. Zitronenschale mit den Kräutern (einen Teil zum Garnieren beiseitelegen), Salz, Pfeffer und Öl vermischen und die Fleischstreifen darin marinieren. Schinkenscheiben längs nebeneinander legen. Auf jede Scheibe 1 Kalbfleischstreifen legen und wellenartig aufspießen. Fertig gegrillte Spieße mit Zitronensaft beträufeln und mit Kräutern garnieren.

Scharfe Putenbrustspieße

600 g Putenbrustfilet
Salz, Pfeffer
Paprikapulver, scharf
Chilipulver nach Belieben
2 EL Öl
2 rote Paprika
2 grüne Paprika

Das Filet waschen und trocken tupfen. In Würfel schneiden, mit Salz, Pfeffer, Paprika- und Chilipulver würzen und in Öl kräftig anbraten. Paprika waschen, von Kernen und Scheidewänden befreien, in größere Würfel schneiden. Das Fleisch aus der Pfanne nehmen und die Paprikawürfel kurz darin anbraten. Würzen. Abwechselnd Fleischstücke und Paprikawürfel auf die Spieße stecken und im vorgeheizten Ofen bei 190 °C rund 10 Minuten garen.

Tipp: So werden die Spieße noch saftiger: Marinade aus Olivenöl, Ingwerpulver, Limettensaft und klein gehackten Chilischoten herstellen und die Spieße eine halbe Stunde im Kühlschrank darin durchziehen lassen.

Tipps für einen schönen Grillabend

Als Grillen bezeichnet man das Braten von Lebensmitteln über einer Glut. Wer zum ersten Mal selbst grillt, steht vor dieser Frage, womit er seinen Grill einheizen soll. Holzkohle hat den Vorteil, dass sich die Glut relativ schnell ausbreitet und eine sehr große Hitze entwickelt. Aber die Glut hält nicht lange, und zudem sind in den Verpackungen viele kleine Kohlebröckchen, die man gar nicht brauchen kann. Briketts sind schwerer entzündbar und werden nicht ganz so heiß wie Holzkohle. Dafür hält die Glut viel länger her und die Kohlestücke sind alle in etwa gleich groß. Am besten also beide Kohlesorten mischen, dann hat man alle Vorteile unter dem Rost.

Hier noch ein paar weitere Tipps:

1. Den Grill windgeschützt aufstellen, damit keine Aschepartikel auf das Grillgut gelangen können. Beim Platzieren des Grills auch darauf achten, dass etwaiger Rauch keine Nachbarn belästigt.
2. Vorsorge treffen, dass kein Fett und keine Marinaden in die Glut tropfen, weil das Rauch verursachen oder gar ein offenes Feuer entfachen könnte, bei dem gesundheitsschädliche Stoffe entstehen. Am besten das Fleisch deshalb auf einer Alufolie oder in einer Alu-Tropfschale grillen.
3. Holzspieße schützt man vor dem Anbrennen, indem man sie vor dem Grillen eine halbe Stunde lang in Wasser einweicht.
4. Beim Anschüren des Grills aufpassen. Hier passieren jede Menge Unfälle. Am besten Grillanzünder und, sofern vorhanden, einen Anzündekamin und nie Spiritus oder andere entflammbare Stoffe einsetzen. Für kleine Grillrunden ist ein Elektrogrill eine gute Alternative zum Holzkohlegrill.
5. Ärger mit Nachbarn lässt sich oft leicht vermeiden, indem man die Grillparty ankündigt und sie zum Essen einlädt oder ihnen zumindest ein gegrilltes Steak oder ein paar Würstchen über den Zaun reicht.

Surf-'n'-Turf-Spieße

500 g Roastbeef am Stück
16 rohe Garnelen
1 Knoblauchzehe
½ Bund Koriander
1 Chilischote
1 Bio-Limette
2 EL Öl und Öl für den Rost
Salz, Pfeffer

Roastbeef in vier Zentimeter große Würfel schneiden. Garnelen waschen und trocken tupfen. Knoblauch abziehen, grob hacken. Koriander hacken. Chili putzen, entkernen, fein würfeln. Limette heiß waschen, trocken tupfen. Von der Schale einen halben Teelöffel voll abreiben, Saft der Limette auspressen. Knoblauch, Koriander, Chili, Limettenschale, Öl und Salz miteinander verrühren und Roastbeef und Garnelen damit bestreichen. Danach aufspießen, salzen, pfeffern und grillen.

Dänische Lachsspieße

400 g Lachsfilet ohne Haut
400 g gekochte Pellkartoffeln (vom Vortag)
200 g kleine Champignonköpfe
½ Bund Dill
2 EL Öl und Öl für den Rost

Lachs kalt abbrausen, trocken tupfen und in vier Zentimeter große Würfel schneiden. Kartoffeln pellen. Champignons putzen und mit einem Küchentuch säubern. Dill fein hacken und mit dem Öl mischen. Lachs, Champignons und Kartoffeln vorsichtig mit dem Dill-Öl vermengen und abwechselnd aufspießen. Mit Salz, Pfeffer und Zitronensaft abschmecken.

Dazu passt: Meerrettich-Preiselbeer-Schmand.

Meerrettich-Preiselbeer-Schmand

200 g Schmand
2 EL Meerrettich (Glas)
1 EL Preiselbeeren (Glas)

Zutaten alle miteinander vermischen.

Grillmarinaden

Eine würzige Marinade ist das i-Tüpfelchen für saftiges Grillfleisch und Gemüse, denn es verleiht ihnen eine besondere Geschmacksnote und die gewünschte Zartheit. Das Grillgut kann man entweder mit Marinade bestreichen, bepinseln oder gar mehrere Stunden darin einlegen. Dünnflüssige Marinade zieht jedenfalls besser ein als eine dickflüssige Soße. Anders als Gemüse sollten Fleisch und Geflügel stets vollständig von der selbst gemachten Marinade bedeckt sein. So wird die Grillparty zu einem besonderen Geschmackserlebnis.

Grillmarinade für Fleisch & Gemüse

½ frische Chilischote
1 kleine Knoblauchzehe
2 EL Kräuter der Provence
4 EL Raps-Kernöl

Chilischote entkernen und in dünne Ringe schneiden,
die Knoblauchzehe abziehen und fein würfeln,
mit den Kräutern und dem Öl verrühren
und etwas ziehen lassen.

Scharfe Grillmarinade

1-2 Zwiebeln
6 EL Raps-Kernöl
1 Spritzer Worcestersoße
3 EL Essig
2 TL scharfer Senf
3 EL Tomatenmark

Zwiebeln reiben und dann mit Raps-Kernöl gut verrühren. Worcestersoße, Essig, scharfen Senf und Tomatenmark unterrühren und etwas ziehen lassen.

Marinade „American Dream"

1 Zwiebel
4 EL Orangensaft
4 EL Tomatenketchup
2 EL Essig
1 EL Worcestersoße
4 EL Öl
¼ EL Oregano, gerebelt
1 Spritzer Tabasco

Zwiebel fein hacken und mit den anderen Zutaten gut verrühren.

Asiatische Marinade

2 EL Honig
2 EL Zitronensaft
4 EL Sesamöl
6 EL Sojasoße
1 EL Currypulver
1 EL Ingwerpulver

Alle Zutaten gut verrühren.

Rotweinmarinade

16 Blätter Basilikum
eine Handvoll Petersilie
100 ml Olivenöl
100 ml Rotwein
1 TL Chilipulver
2 TL Fenchelsamen
30 g Salz
8 g Pfeffer
2 Knoblauchzehen
1 Zwiebel
16 Blätter schwarze Oliven, ohne Steine
30 g geriebenen Parmesan

Alles zusammen in einem Mixer zu einer Marinade mixen und das Fleisch über Nacht darin einlegen.

Eieraufstrich

4 Eier
100 g Schinken
2 Essiggurken
1 Becher Schmand
2 EL Mayonnaise
1 EL Weißweinessig
Salz, Pfeffer
½ TL Senf
1 EL Dill
Petersilie

Eier in sprudelnd heißem Wasser zehn Minuten hart kochen, dann abschrecken, schälen und fein würfeln. Schinken und Essiggurken fein würfeln. Schließlich alle Zutaten vermengen und mit Petersiliensträußchen garnieren.

Baguette

500 g Mehl (Weizenmehl Type 550)
100 g Sauerteig, flüssig
5 g Hefe (⅛ Hefewürfel)
10 g Salz
270 g Wasser

Hefe in 100 ml Wasser auflösen. Alle anderen Zutaten hinzufügen und gut durchkneten. 20 Minuten bei Raumtemperatur gehen lassen. In 3 gleich große Teile teilen und zu Kugeln formen und diese auf einer bemehlten Arbeitsfläche mit einem feuchten Tuch abgedeckt 40 Minuten gehen lassen. Baguettes mit spitzen Enden formen und auf Backblech legen (genügend Platz dazwischen lassen) und 1 ½ Stunden gehen lassen. Den Backofen auf 200 °C vorheizen. Baguettes mehrmals diagonal einschneiden und mit Mehl bestäuben. Eine Tasse Wasser vorsichtig auf den Ofenboden schütten, damit es richtig schön dampft (Vorsicht, man kann sich dabei leicht verbrennen). Backblech in den Ofen einschieben und 20-30 Minuten backen, bis eine goldbraune Kruste entstanden ist.

Knoblauchbrot

300 g Baguette oder Baguette zum Aufbacken
75 g sehr weiche Butter
50 g cremiger Schafskäse
1-2 TL Gewürzpaste Knoblauch
je 2 EL gehackte Petersilie, Minze und Schnittlauch
Salz

Baguette auf der Oberseite in Abständen von drei bis vier Zentimetern zwei Drittel tief einschneiden. Butter mit einem Handrührgerät schaumig schlagen, Schafskäse, Knoblauchpaste und frische Kräuter unterrühren. Mit Salz abschmecken. Die Masse mit einem kleinen Löffel in die Baguette-Einschnitte streichen und auf einem mit Backpapier belegten Blech im vorgeheizten Backofen bei 180 °C Umluft zehn bis zwölf Minuten goldbraun backen.

Pita

Zutaten für 8 Fladenbrote:
400 g Mehl
20 g Hefe (½ Würfel)
1 ½ Tassen lauwarmes Wasser
2 TL Zucker, 2 TL Salz, 1 EL Olivenöl

Das Mehl in eine große Schüssel sieben. In der Mitte eine Vertiefung schaffen. Hefe hineinbröckeln und mit der Hälfte des Wassers, dem Zucker und etwas Mehl zu einem Teig verrühren. Den Teig mit Mehl bestreuen und bei Raumtemperatur 15 bis 20 Minuten gehen lassen. Danach übriges Wasser, Salz und Mehl zugeben und vermischen (Holzlöffel!). Den Teig ca. zehn Minuten kneten und Öl beimischen. Acht Kugeln formen und einritzen. Erneut 20 bis 30 Minuten zugedeckt gehen lassen. Den Backofen auf 180 °C vorheizen, dann ca. vier Minuten backen. Der Teig muss weiß und bleich bleiben. Nach dem Abkühlen in Folie aufbewahren. Vor dem Servieren in einer geölten Pfanne herausbacken.

Tipp: Pita passt gut zu Vorspeisen, Suppen, Gemüse- und Fleischgerichten.

Steinofenbrot

600 g Roggenmehl
400 g Weizenmehl
600 ml Wasser
200 g Roggen-Sauerteig
50 g Hefe
15 g Salz
4 EL Gewürzmischung

Mehl, Sauerteig, lauwarmes Wasser mit Hefe, Salz und Gewürzmischung in eine Schüssel geben. Alles gut mit einer Küchenmaschiene durchkneten. Ca. 1 Stunde an einem warmen Ort gehen lassen. Entweder zu einem Brot formen oder in eine Form geben und nochmals gehen lassen, bis er 1½ mal so groß ist. Ofen auf ca. 240 °C vorheizen. Brot auf ein Backblech mit Backpapier legen und mit Wasser einreiben und eventuell noch einschneiden mit einem spitzen Messer. Wenn das Brot im Ofen ist, die Gradzahl auf 170–180 °C senken. 1 Stunde backen und danach abkühlen lassen.

Stockbrotteig

300 g Magerquark
1 Prise Salz
6 EL Milch
12 EL Öl
2 Eier
600 g Mehl
6 TL Backpulver

Quark, Salz, Milch, Öl und Eier verrühren. Das mit Backpulver vermischte Mehl mit den Knethaken des Rührgeräts unterkneten. Der Teig sollte relativ fest sein. Jeweils ein kleines Stück Teig um das obere Ende eines Stockes wickeln und über das Lagerfeuer halten. Achtung: Nicht in der Flamme backen, sondern darüber, sonst verbrennt das Brot außen und ist innen noch roh.

Zwiebelkuchen

Für den Teig:
425 g Mehl
1 Pck. Trockenhefe
¼ l lauwarmes Wasser
Prise Salz
3 EL Sonnenblumenöl
Für den Belag:
100 g Speckwürfel
100 g geriebenen Käse
200 g Zwiebeln
2 Becher Sahne
Salz, Pfeffer und Muskat zum Abschmecken

Aus Mehl, Trockenhefe, Wasser, Salz und Sonnenblumenöl einen Hefeteig herstellen und ca. 30 Minuten gehen lassen. Nun den Speck andünsten und die gewürfelten Zwiebeln beifügen und glasig dünsten. Dies kalt werden lassen und dann Käse, Sahne und die Gewürze beifügen. Nun den Hefeteig auf dem Backblech ausrollen und den Belag darauf verteilen. Bei 175 °C Umluft ca. 20 Minuten backen.

Zwiebeln schneiden

1. Die Zwiebel an der Spitze anschneiden, damit man die äußere Zwiebelhaut leichter abschälen kann. Dann die Zwiebel halbieren, indem man durch die Zwiebelwurzel schneidet.

2. Jede Zwiebelhälfte in 2 Millimeter dicke Längsstreifen schneiden. Vorsicht: nicht durch die Wurzel schneiden, sonst fällt die Zwiebelhälfte auseinander!

3. Dann die Zwiebeln in 2 Millimeter dicke Querstreifen teilen.

4. Die Zwiebel ist gewürfelt und kann weiterverarbeitet werden. Die Zwiebelwurzel, die übrig bleibt, wird auf den Kompost geworfen.

Abgehackte Finger	62	Spinnennetztorte	67	Thunfischwrap	77
Hand der weißen Frau	62	Blauschimmelmuffins	71	Lauchbaguette	77
Draculas Lieblingsdrink	62	Brokkoli-Lachs-Quiche	71	Birne mit Camembert	78
Augäpfel	62	Deutschland-Obstkuchen	72	Birne-Radicchio-Toast	78
Brodelnde Hexensuppe	63	Fußball-Pizza	73	Vollkorntoast mit Pute	78
Emils Ekelpudding	63	Pizzasemmeln	73	Powertoast	79
Feuriges Kürbis-Chili	64	Gebrannte Mandeln	74	Pikanter Traubentoast	79
Halloween-Bowle	64	Sandwichspieße	74	Käse-Trauben-Spieße	79
Monsteraugen	65	Salsa-Nachos	75	Zwiebeltoast	80
Hotdogschlangen	65	Schaschliktopf	76	Hawaiitoast	80
Kartoffelmäuse	66	Pfannkuchenröllchen	76		
Schokogespenster	67	Schwarz-Rot-Gold-Spieße	77		

Abgehackte Finger

1 Glas Knackwürstchen
Mandelblättchen
Ketchup

Knackwürstchen aus dem Glas durchbrechen, am nicht abgebrochenen Ende eine halbe Mandel als Fingernagel anbringen, dafür mit dem Messer eine kleine Tasche schneiden und die Mandel reinschieben. Ketchup in die Mitte eines Tellers geben, die „abgehackten Finger" an diesen „Blutfleck" legen, dekorativ das Ketchup auseinanderziehen.

Hand der weißen Frau

Einen sauberen Gummihandschuh mit Wasser oder Fruchtsaft füllen, zubinden und gefrieren lassen. Den Handschuh abziehen und die „Hand" dekorativ in eine Bowle legen. Am besten noch einen Ring über einen der Finger ziehen.

Draculas Lieblingsdrink

Sprite
Grenadine-Sirup

Sprite (oder eine andere klare Limonade) mit Grenadine-Sirup vermischen.
Tipp: Ganz besonders echt schaut das Getränk aus, wenn es in Reagenzgläsern serviert wird.

Augäpfel

Mozzarellakugeln
Schwarze Oliven
Salatgurke

Mozzarellakugeln mit einer schwarzen Olive versehen oder mit einer dünnen Scheibe von einer schwarzen Olive. Auch Salatgurken und Olivenscheiben sehen eklig-gruselig aus.

Brodelnde Hexensuppe

2 Zwiebeln
1 Knoblauchzehe
30 g Butter
1 kg Kürbisfleisch
1 l Gemüsebrühe
1 Chilischote
50 g Ingwer
250 g Sahne
200 g Crème fraîche
6 Oliven mit Paprikafüllung
Salz, Pfeffer, Zimt

Zwiebeln schälen und in grobe Stücke schneiden, Knoblauch schälen und durchdrücken. Die Butter im Topf erhitzen, Zwiebelwürfel und Knoblauch dazugeben und anschwitzen. Kürbis würfeln und dazugeben. Mit der Brühe aufgießen und die ganze Chilischote hinzufügen. Ingwer schälen, raspeln und die Hälfte in den Topf geben. Bei schwacher Hitze 30 bis 40 Minuten köcheln lassen. Ist der Kürbis weich, die Chilischote entfernen und die Suppe mit dem Pürierstab fein pürieren. Sahne dazugeben und nochmals kurz aufkochen lassen. Mit den Gewürzen und dem restlichen Ingwer abschmecken. Aus der Crème fraîche mit einem Esslöffel Nocken abstechen, die Oliven halbieren und hineindrücken. Die „Augen" auf die Suppe geben.

Emils Ekelpudding

1 Pck. Götterspeise
Süßigkeiten
z. B. Gummiwürmer, Lakritzschlangen, Lakritzschnecken, Zuckerperlen
Marmelade nach Geschmack

Götterspeise nach Packungsanleitung zubereiten und in kleine Schalen geben. In die noch flüssige Götterspeise viele Gummiwürmer und aufgedrehte Lakritzschnecken geben. Die Schalen mehrere Stunden im Kühlschrank gut durchkühlen lassen. Schalen kurz in ein heißes Wasserbad geben und auf einen Teller stürzen. Schale abheben und um den Ekelpudding etwas Marmelade verteilen. Mit Zuckerperlen und Gummiwürmern verzieren und servieren.

Feuriges Kürbis-Chili

800 g Kürbisfleisch
2 Knoblauchzehen
1 Chilischote
1 EL Öl
1 Zwiebel
500 g Hackfleisch vom Rind
Salz und Pfeffer
1 Dose Tomaten (850 ml)
125 ml Wasser
1 Dose Kidneybohnen (425 ml)
Tabasco

Kürbis aushöhlen, Fruchtfleisch würfeln. 2 Knoblauchzehen schälen, fein würfeln. Chilischote entkernen, fein würfeln. Öl in einem Topf erhitzen, Zwiebel hacken und anbraten, Hackfleisch zugeben und krümelig braten. Mit Salz und Pfeffer würzen. Tomaten mit Saft zum Hack geben, grob zerkleinern. Kürbisfleisch, Knoblauch und Chilischoten zufügen. Wasser dazugeben, 20 Minuten zugedeckt köcheln lassen. Kidneybohnen abspülen, abtropfen lassen, dazugeben. Weitere 5 Minuten köcheln lassen. Mit Tabasco würzen.

Tipp: Chili im ausgehöhlten Kürbis servieren.

Halloween-Bowle

Braunen Rohrzucker
1 Zitrone
1 l Orangensaft
200 ml Ananassaft
1 Beutel Crused Eis
Lebensmittelfarbe oder blauen Sirup
1 Dose Ananas
1 Glas Kirschen
1 Dose Mandarinen
Gummischlangen oder andere Gummitiere

Soviel Zucker in eine Karaffe oder ein Bowlengefäß geben, bis der Boden gut bedeckt ist. Die Zitrone auspressen. Den Orangensaft mit dem Ananassaft und Zitronensaft mit Crushed Ice in einen Shaker geben. Lebensmittelfarbe auch direkt dazugeben. Alles gut durchschütteln, bis es schaumig ist und in die Karaffe oder das Gefäß geben. Dann die Früchte dazugeben. Wenn man Sirup verwendet, wird der Sirup erst in die Karaffe gegeben, wenn der Rest bereits eingefüllt ist. Schüttelt man vorsichtig, dann setzt sich eine tolle Schicht am Boden ab. Dann noch ganz vorsichtig rühren und das Grün steigt von unten nach oben. Toller Effekt. Am Schluss an den Rand der Karaffe die Weingummischlangen hängen.

Monsteraugen

6 hart gekochte Eier
300 g Frischkäse
1 Knoblauchzehe
etwas Sahne, Pfeffer und Salz
3 schwarze Oliven, entkernt

Die Eier halbieren und das Eigelb herausnehmen. Den Frischkäse mit durchgepresstem Knoblauch, den Eigelben und etwas Sahne vermischen und mit Salz und Pfeffer abschmecken. Diese Frischkäsecreme mit einem kleinen Löffel wieder in die Eiweißhöhlen einfüllen. Am Schluss jeweils eine halbierte schwarze Olive als Pupille auf die Augen setzen.

Hotdogschlangen

Für den Teig:
500 g Mehl
20 g frische Hefe
1 Prise Zucker
1 TL Salz
2 EL Olivenöl
300 ml lauwarmes Wasser

Außerdem:
Backpapier
10 Wiener Würstchen (Hotdogs, 15 cm lang)
1 Ei
1 rote Paprikaschote aus dem Glas
geriebenen Parmesankäse
20 Korinthen

Das Mehl in eine Schüssel geben und in der Mitte eine Mulde machen. Die Hefe in ein Schälchen bröckeln, mit einer Prise Zucker und etwas von dem Wasser anrühren. Dies in die Mulde geben und mit dem Finger etwas Mehl darunter rühren. Das Salz, Olivenöl und restliche Wasser dazugeben und zu einem Hefeteig verarbeiten. Den Hefeteig zugedeckt an einem warmen Ort etwa 30 Minuten gehen lassen. Sein Volumen sollte sich deutlich vergrößern.
In der Zwischenzeit ein Backblech mit Backpapier auslegen.
Den Teig nochmals gut durchkneten, evtl. noch etwas Mehl dazugeben, damit der Teig nicht so sehr an den Fingern kleben bleibt. Dann in 10 gleich große Teile teilen. Jeden Teil formt man zu einem 31 cm langen Strang. Diese Enden etwas dicker formen (circa 4 Zentimeter, sie werden zu Schlangenköpfen) und die anderen Enden etwas dünner zulaufen lassen (daraus werden die Schwänze). Jede Wurst mit einem Teigstrang umwickeln und auf das Backblech legen. Das dickere Ende (der Kopf) sollte oben auf dem Würstchen liegen. Dann mit einer Schere einmal quer in den Kopf schneiden, so dass man nun einen Mund hat. In den steckt man einen kleinen Streifen Paprika als Zunge. Die Schlangen nochmals feucht zugedeckt circa 25 bis 30 Minuten an einem warmen Ort gehen lassen. Den Backofen auf 180 °C vorheizen, das Ei verquirlen. Dann die Schlangen mit dem Ei bestreichen. Jeweils vorne auf den Kopf zwei Korinthen als Augen hineinstecken. Die Schlangen mit Parmesan bestreuen und im Ofen etwa 25 bis 30 Minuten backen, bis der Teig eine goldbraune Farbe hat.

Kartoffelmäuse

4 gleich große längliche Kartoffeln
Salz, Pfeffer
½ Salatgurke
4 Radieschen
1 Karotte
½ Bund Schnittlauch
150 g Kräuterquark
4 Scheiben Gouda
8 Pfefferkörner für die Pupillen

Die Kartoffeln unter fließendem kalten Wasser gut abbürsten. Etwa drei Zentimeter hoch Wasser in einen großen Topf geben. 1 TL Salz hinzufügen. Die Kartoffeln hineingeben und den Deckel auf den Topf legen. Die Kartoffeln auf höchster Stufe zum Kochen bringen. Wenn sie kochen, auf mittlere Stufe zurückschalten und 15 Minuten kochen. Vorsicht: nicht zu weich kochen!
Währenddessen die Gurke, die Radieschen, die Karotte und den Schnittlauch waschen. Die Gurke schälen und in feine Scheiben schneiden. Die Radieschen in kleine Rädchen schneiden, dabei acht gleich große Rädchen für die Augen beiseitelegen. Die Karotte schälen und acht längliche Scheiben für die Mausohren herausschneiden. Den Kräuterquark in einer kleinen Schüssel mit je einer Prise Salz und Pfeffer verrühren. Die Goudascheiben längs halbieren.
Die fertigen Kartoffeln in ein Sieb abgießen und kurz auskühlen lassen. Dann die Kartoffeln waagrecht teilen. Die 4 unteren Kartoffelhälften auf der gewölbten Seite flach schneiden und auf Teller setzen. Auf der oberen, glatten Seite mit einem Löffel aushöhlen.
Etwas Quark in die ausgehöhlten Kartoffelhälften streichen. Darauf die Gurken- und Radieschenscheiben legen. Wieder Quark daraufstreichen und mit den Käsescheiben belegen.
Die Karottenscheiben als Ohren vorne in die oberen Kartoffelhälften stecken. Die Radieschenscheiben als Augen mit den Pfefferkörnern als Pupillen auflegen – damit sie halten, zuvor etwas Quark als „Klebstoff" daraufstreichen. Die Schnittlauchhalme als Barthaare und Schwänzchen verwenden. Zum Schluss die oberen Kartoffelhälften auf die unteren setzen.

Schokogespenster

1 Schachtel Schokoküsse
1 weiße Kuvertüre

Kuvertüre in einem Wasserbad schmelzen. Damit mit einem Backpinsel auf Schokoküsse große Augen aufmalen.

Tipp: Wenn man Mini-Schokoküsse nimmt und so verziert, dann kann man damit leicht eine ganze Gespensterkette auf dem Buffet aufbauen.

Spinnennetztorte

Für den Teig:
500 g Karotten
1 Zitrone
7 Eier
180 g Zucker
5 EL Honig
1 TL Zimt
170 g gemahlene Mandeln
150 g Mehl
½ Pck. Backpulver
Fett für die Form

Für Guss und Deko:
300 g Puderzucker
6 EL frisch gepressten Limettensaft
orangefarbene Speisefarbe (ersatzweise rote und gelbe Speisefarbe mischen)
Zuckerschrift aus der Tube
bunte Schokolinsen

Den Backofen auf 200 °C vorheizen. Die Form einfetten. Die Karotten putzen, schälen und fein raspeln. Den Saft der Zitrone auspressen. Eier mit Zucker, Zitronensaft, Honig und Zimtpulver mit dem Handrührgerät dick schaumig rühren. Mandeln, Mehl und Backpulver mischen und unterrühren. Den Teig in die Form füllen und im Ofen (180 °C) ca. 35 Minuten backen. Den Kuchen aus der Form nehmen und abkühlen lassen.

Für die Deko den Puderzucker mit Limettensaft in einer Schüssel zu einem dicken Guss verrühren, mit Speisefarbe nach Belieben orange einfärben. Den Guss auf den Kuchen geben und gleichmäßig verstreichen (auch am Rand). Mit Zuckerschrift ein Spinnennetz über den Kuchen ziehen. In die Spinnfäden bunte Schokolinsen als Spinnen setzen und mit brauner Zuckerschrift kleine Spinnenbeine daranmalen.

Bierglas ist nicht gleich Bierglas vom feinen Unterschied

Plastikbecher, Glas oder Steinkrug? Die Wahl des richtigen Bierbehältnisses ist nicht unerheblich für echten Biergenuss. Denn nicht nur die Optik und Beschaffenheit, sondern auch die Wandstärke und die Höhe des Glases beeinflussen den wahren Biergeschmack. Je dicker das Glas ist, umso rustikaler und stärker schmeckt auch das Bier. Je dünner die Wandstärke, desto eleganter und differenzierter fällt das Geschmackserlebnis aus. Die Höhe des Bierglases hat einen Einfluss auf die Kühlung und den Kohlensäuregehalt im Bier. Um das volle Aroma aus Hopfen, Gerste und Malz herauszukitzeln, sollte man folgende Tipps beachten:

Bierkrug: Traditionell handelt es sich hier um ein kleines, dickes Glas mit einem aufgesetzten Griff. Der Bierkrug eignet sich besonders gut zum Anstoßen. Wenn er aus Stein ist, sollte man ihn vorher in kaltem Wasser gut kühlen.

Altbier-Becher: Er ist ein etwas kleineres, stärkeres, zylindrisches Glas. Aus ihm werden am liebsten schwere Biere vom Fass getrunken.

Weißbierglas: Charakteristisch dafür ist seine hohe und geschwungene Form. Es fasst meist 0,5 l Weißbier, welches wegen seiner stärkeren Schaumbildung langsam eingeschenkt werden sollte.

Pilsglas: Pils sollte immer einen besonderen Auftritt mit der typischen Schaumkrone hinlegen. Dies gelingt am besten in einem Biertulpen-Glas, welches meist 0,33 l oder auch weniger des kühlen Gerstensaftes fasst. Pils sollte nämlich nie lange stehen, sondern immer schön kühl getrunken werden.

© Bayerische Glaswerke GmbH NACHTMANN / SPIEGELAU

„Bier auf Wein, das lass' sein!
Wein auf Bier, das rat' ich dir."
(Volksmund)

Es kommt beim Wein nicht nur auf die richtige Reihenfolge an, sondern, ähnlich wie auch schon beim Bier, auf das richtige Glas.
Ein Weinglas besteht aus dem Kelch, dem Stiel und dem Fuß zum Abstellen.
Je nachdem, welchen Wein man trinken möchte, sollte man auch die richtige Form des Kelchs wählen, denn davon hängt das volle Geschmackserlebnis ab:
Schaumwein bzw. Sekt trinkt man aus hohen, tulpenförmigen Gläsern. Flache Schalen sind dazu eher nicht geeignet. Hier entweicht die Kohlensäure zu schnell. Das Prickeln geht verloren.
Es empfiehlt sich, Weißwein aus apfelförmigen Gläsern mit leicht verengter Öffnung zu trinken. Die Temperatur des Weins sollte in etwa 8 bis 10 °C betragen. Rotwein wird in größeren bauchigen Kelchen mit relativ großer Öffnung zum Genuss. Hier kann das üppige Aroma bei 15 bis 17 °C optimal zur Geltung kommen.
Gute Weingläser erkennt man außerdem an einem dünnen und perfekt geschliffenen Rand sowie an einer klaren, farblosen und glatten Oberfläche.
Ferner empfiehlt der Wein-Knigge:
- ☺: Weingläser immer nur halb füllen (besseres Aroma!).
- ☺: das Glas am Stiel halten (nicht am Kelch oder Fuß!).
- ☹: der berühmte abstehende Finger (wirkt sehr gekünstelt).
- ☺: Der kleine Schluck verrät den Genießer. Wer zwei oder gar drei Züge hintereinander nimmt, outet sich als Trinker.
- ☺: Zum Kosten den Arm anheben und das Glas zum Mund führen.
- ☹: auf Ellbogen gestützt den Kopf übers Glas hängen lassen.
- ☺: den Wein nicht gleich schlucken.
- ☹: den Wein „kauen" (Das macht man nur auf einer Weinprobe!).

Einladung zur Fußballparty

Man braucht:
2 Bogen grünes Tonpapier (DIN A4), 1 Bogen graues Tonpapier (DIN A4), 1 Blatt grünes Krepppapier, Schere, weißen Gelstift, Kleber, Bleistift, Geodreieck, Zirkel, schwarze Fineliner

Blauschimmelmuffins mit Pinienkernen

220 g Mehl
2 Eier
150 g Gorgonzola oder Roquefort
80 g Butter
20 ml Milch
80 g Pinienkerne
1 Pck. Backpulver
1 Bund Petersilie

Den Backofen auf 180 °C vorheizen.
In der Mikrowelle den Käse und die Butter schnell schmelzen. Die Mischung in eine Schüssel geben. Mehl, Backpulver, Eier, Milch und fein gehackte Petersilie dazugeben und einen Teig kneten. Pinienkerne in der Pfanne trocken anrösten, hacken und in den Teig einarbeiten. Den Teig in Muffin-Förmchen gießen. 15 Minuten bei 180 °C, dann 10 Minuten bei 210 °C backen. Ergibt 24 Muffins.

Brokkoli-Lachs-Quiche

1 Ei
240 g Mehl
1 EL gehackte Petersilie
90 g Butter oder Margarine
6 EL Wasser
1 TL Salz

Für den Belag:
2 Eier
1 Brokkoli
300 g Magerquark
125 ml fettarme Milch
100 ml Gemüsebrühe
2 EL gehackten Dill
120 g geräucherten Lachs
weißen Pfeffer

Das Ei trennen. Nun das Mehl, Salz, Petersilie, Margarine, Wasser und das Eigelb zu einem glatten Teig verkneten. In Folie gewickelt ca. 30 Minuten kalt stellen. Den Teig dann ausrollen und eine mit Backpapier belegte Backform damit auslegen.
Für den Belag den Brokkoli putzen, in Röschen teilen und in kochendem Salzwasser ca. fünf Minuten garen. Dann abgießen und das Kochwasser dabei auffangen. Den Quark mit den beiden restlichen Eiern, dem übrig gebliebenen Eiweiß, Milch, 100 ml vom Brokkoliwasser und der Gemüsebrühe verrühren. Mit Pfeffer, Salz und Dill würzen. Den Brokkoli nun auf dem Teigboden verteilen, mit dem geräucherten Lachs belegen und die Quark-Eier-Milch darübergießen. Im vorgeheizten Backofen bei 200 °C ca. 30 Minuten backen. Sofort servieren.

Deutschland-Obstkuchen

2 Eier
2 EL kaltes Wasser
100 g Zucker
½ Pck. Vanillinzucker
50 g Mehl
50 g Speisestärke
1 gestrichenen TL Backpulver
150 g Brombeeren
150 g Erdbeeren
150 g Aprikosen
400 g Frischkäse
100 g Puderzucker
2 Pck. Vanillinzucker
2 Pck. Sahnesteif
200 ml Schlagsahne
1 Pck. Tortenguss, klar

Für den Biskuitboden die Eier und das Wasser mit dem Rührgerät auf höchster Stufe schaumig rühren. Zucker und Vanillinzucker einrieseln lassen. Mehl, Speisestärke und Backpulver mischen und mit der Masse verrühren. In einer 26-er Herzform im vorgeheizten Backofen bei 180 bis 200 °C etwa 14 bis 16 Minuten backen. Auskühlen lassen. Für den Belag den Frischkäse mit dem Puderzucker, einem Päckchen Vanillinzucker und einem Päckchen Sahnesteif verrühren. Schlagsahne, ein Päckchen Vanillinzucker und ein Päckchen Sahnesteif schlagen und nach und nach unter die Frischkäsemasse heben. Die Masse auf dem ausgekühlten Boden verteilen. Ganz oben die Brombeeren verteilen, gefolgt von den Erdbeeren und zuletzt den Aprikosen (Dosen-Aprikosen vorher abtropfen lassen). Den Tortenguss nach Anweisung zubereiten und über das Obst geben.

Tipp: Schmeckt kalt aus dem Kühlschrank am besten.

Fußball-Pizza

Zutaten für den Pizzateig:
1 Würfel Hefe
500 g Mehl
1 Prise Zucker
1 Prise Salz
5 EL Olivenöl
Für den Belag:
750 g TK-Blattspinat
1-2 Knoblauchzehen
Salz, Pfeffer

Für die Dekoration:
200 g Parmesan
(zum Markieren der Feldlinien und der Tore)
22 kleine Gummibärchen (als Spielerfiguren)
Ketchup, Mayonnaise aus der Tube
(zum Markieren der Spieler)
1 kleine Käsekugel als Fußball
4 kleine Fähnchen
Außerdem: Backpapier

Die Hefe in 200 ml lauwarmes Wasser bröckeln. Mit vier Esslöffel Mehl, dem Zucker und der Prise Salz verrühren. Abgedeckt ca. 20 Minuten gehen lassen. Anschließend mit den restlichen Teigzutaten verkneten. Zugedeckt an einem warmen Ort ca. eine Stunde gehen lassen. Den Spinat in einem Topf bei kleiner Hitze auftauen lassen. Den Knoblauch schälen, dazupressen, alles unter Rühren aufkochen und mit Salz und Pfeffer abschmecken. Vom Herd nehmen. Den Backofen auf 200 °C vorheizen. Ein Backblech mit Backpapier auslegen und den Teig nochmals kneten, dann auf einer bemehlten Fläche auf Größe des Backblechs ausrollen und auf das Blech legen. Den Spinat auf die Pizza geben. Auf mittlerer Schiene circa 30 Minuten backen.

Mit geriebenem Parmesan auf die fertige Pizza anschließend Spielfeldlinien streuen und die Gummibärchen als „Spieler" auf dem Feld verteilen. Mit Hilfe von Ketchup- und Mayonnaise-Punkten bleiben sie stehen. Zum Schluss die Käsekugel auf den Anstoßpunkt legen und die Fähnchen in die vier Ecken stecken.

Pizzasemmeln

400 g Champignons
100 g Salami
250 g gekochten Schinken
2 mittelscharfe Peperoni

1 Becher Sahne (oder 1 Glas Miracel Whip)
250 g geraspelten Käse
Salz, Pfeffer, Oregano,
evtl. Pizzagewürz oder Kräutermischung
8 Semmeln

Die Champignons putzen und in dünne Scheiben schneiden. Salami und Schinken klein würfeln. Peperoni klein schneiden und dazugeben. Die Sahne schlagen. Alle Zutaten inkl. dem Käse in die geschlagene Sahne geben und gut unterrühren. Mit Salz, Pfeffer, Oregano und dem Pizzagewürz abschmecken. Den Backofen auf 200 °C vorheizen. Die Semmeln halbieren und die Pizzamasse darauf verteilen. Nun das Ganze ca. 15 Minuten überbacken.

Gebrannte Mandeln

1 Pck. Mandeln
1 Prise Zimt
2 EL Wasser
4 EL Zucker

Alles in ein Mikrowellengefäß geben. Eine Minute lang umrühren. Für vier bis fünf Minuten in die Mikrowelle stellen. Alle zwei Minuten aufmachen und umrühren. Wenn die Mandelkruste hart ist, sind sie fertig.

Sandwichspieße

Zutaten für 12 Stück:
je 6 Scheiben Vollkorn-, Weiß- und Mischbrot
60 g Kräuterbutter
125 g Kräuterfrischkäse
12 Scheiben Salatgurke

6 Scheiben kalten Braten
6 EL Salatmayonnaise
6 Scheiben Käse
6 Kirschtomaten
Holzspieße

Die Brotscheiben entrinden und mit Butter bestreichen. Jede Scheibe in 4 Quadrate schneiden. Pro Turm 3 verschiedene Brotsorten verwenden und belegen. Nach jeder Schicht Belag wieder ein Brotquadrat aufsetzen. Nacheinander Frischkäse, Gurkenscheiben, kalten Braten, Tomatenscheiben, Salatmayonnaise und Käse darauflegen bzw. -streichen. Zum Abschluss eines jeden Quadrats eine halbe Kirschtomate und etwas darüber eine Gurkenscheibe auf dem Holzspieß feststecken.

Salsa-Nachos

2 Zwiebeln
1 rote Paprikaschote
1 rote Peperoni
Öl
250 g gemischtes Hackfleisch
Chilipulver, Salz, Pfeffer
½ Flasche Salsasoße und Chilisoße
200 g geriebenen Käse
200 g Nachos
100 g Sauerrahm

Die Zwiebeln häuten und in kleine Würfel schneiden. Die Paprika sowie die Peperoni waschen, trocknen und in Würfel schneiden. Öl in einer Pfanne heiß werden lassen. Die Zwiebeln darin glasig werden lassen. Das Hackfleisch dazugeben und alles krümelig anbraten lassen. Anschließend die klein geschnittene Paprika sowie die Peperoni dazugeben und alles noch weitere 5 Minuten dünsten lassen. Mit Salz, Pfeffer und Chilipulver abschmecken. Anschließend die Salsasoße dazugeben und bei mittlerer Hitze drei bis fünf Minuten köcheln lassen. Mit der Chilisoße abschmecken.

Den Backofen auf 200 °C vorheizen. Die Nachos auf einer feuerfesten Platte anrichten und die Hackfleischsoße darüber verteilen. Anschließend den geriebenen Käse darübergeben und alles im Backofen fünf Minuten lang überbacken. Den Sauerrahm abschließend kleckseise auf die überbackenen Nachos geben.

Schaschliktopf

Für eine ganze Fußballmannschaft:
2 kg Schweinefleisch
1 kg Rindfleisch
1 kg geräuchertes Wammerl
1 kg Paprika
1 kg Zwiebeln
Steakgrillgewürz
Tomatenketchup, Currysoße, Schaschliksoße (jeweils eine Flasche)

Fleisch würfeln und mit Grillgewürz würzen. 24 Stunden im Kühlschrank ziehen lassen. In einen Bräter schichten. Rind- und Schweinefleisch unten. Paprika in Streifen schneiden und die Zwiebeln achteln und so auf das Fleisch geben. Das Ganze ca. eineinhalb bis zwei Stunden bei 200 °C schmoren. Etwa eine halbe Stunde vor dem Essen die Soßen und das Ketchup mit etwas Sahne mischen und darübergießen. Nochmals 30 Minuten schmoren lassen.

Tipp: Dazu passen sehr gut Weißbrot oder Pommes.

Pfannkuchenröllchen

Zutaten für 24 Stück:
4 Eier
200 g Mehl
1 Prise Salz
250 ml Milch
Butterschmalz
6 Scheiben Räucherlachs
6 Scheiben gebratene Hühnerbrust
12 Salatblätter
100 g Remoulade
Holzspieße

Die Eier mit Mehl, Salz und Milch zu einem glatten Teig verarbeiten und 30 Minuten ruhen lassen. Aus dem Teig in heißem Butterschmalz etwa 24 kleine Pfannkuchen backen. Aus der Pfanne nehmen und warm stellen. Den Räucherlachs und die Hähnchenbrust jeweils in zwölf Portionen schneiden. Jeden Pfannkuchen mit Remoulade bestreichen, mit einem Salatblatt belegen und Lachs- bzw. Hähnchenbruststücke darauflegen. Die Pfannkuchen zusammenrollen. In dicke Scheiben schneiden und auf Spieße stecken.

Schwarz-Rot-Gold-Spieße

1 Pck. bunte Tortellini
1 Bund Frühlingszwiebeln
1 Pck. Kirschtomaten
10 blaue Weintrauben
2 Pck. Mozzarella (kleine Bällchen)

200 g Käse (z.B. Chilikäse)
4 EL Olivenöl
2 TL Senf (z. B. Honigsenf)
2 EL Balsamico bianco

Die Tortellini nach Packungsvorgabe in kochendem Salzwasser gar kochen. Die Frühlingszwiebeln in ca. vier Zentimeter lange Stücke schneiden und kurz in Olivenöl anbraten. Die Kirschtomaten halbieren, die Weinbeeren ganz lassen. Den Käse in zwei Zentimeter große Würfel schneiden. Abwechselnd die Zutaten auf Holzspieße stecken, immer beginnend mit einer halben Kirschtomate.
Die Spieße zum Schluss kreisförmig auf einer Platte arrangieren, die Kirschtomaten nach außen zeigend. Aus dem Olivenöl, Honigsenf, Balsamico bianco und einem Schuss Wasser ein dünnflüssiges Dressing anrühren. Die Spieße damit beträufeln. Die Spieße sind immer ein Volltreffer.

Thunfischwrap

4 Tortillas
200 g Kräuter-Frischkäse
4 große Salatblätter

2 Tomaten (in Scheiben geschnitten)
1 Dose Thunfisch (im eigenen Saft)
2 geraspelte Karotten
Butterbrotpapier

Tortillas mit der Hälfte des Frischkäses bestreichen, das Salatblatt und die Tomatenscheiben darauflegen. Thunfisch mit den Karottenraspeln und dem übrigen Frischkäse mischen und auf den Tortillas verteilen. Die Tortillas einschlagen, einrollen und um das Ende Butterbrotpapier wickeln.

Überbackenes Lauchbaguette

300 g Kasseler oder Schinken
400 g Lauch
1-2 EL Butter oder Margarine
200 g Rahmfrischkäse

2 Eier
150 g geriebenen Gouda
1 Baguettebrot

Kasseler und Lauch würfeln und in Butter oder Margarine andünsten. Frischkäse, Eier und die Hälfte des Goudas verrühren. Die Lauchmischung nun unterrühren. Baguette in kleine Schiffchen schneiden, mit der Masse bestreichen und mit dem restlichen Gouda bestreuen.
Bei ca. 200 °C Ober- und Unterhitze oder 175 °C Heißluft ca. 20 Minuten backen.

Birne mit Camembert

4 Scheiben Toastbrot
1–2 EL Butter
4 Scheiben Rauchfleisch
2 Birnen
100 g Camembert
1–2 EL Preiselbeerkompott

Den Backofen auf 200 °C vorheizen. Brotscheiben toasten und buttern. Mit Rauchfleisch belegen. Birnen schälen, vierteln und entkernen. In dünne Scheiben schneiden und auf das Rauchfleisch legen. Camembert in Scheiben schneiden und den Toast damit belegen. Im Backofen etwa zehn Minuten überbacken. Preiselbeerkompott darauf verteilen und servieren.

Birne-Radicchio-Toast

4 Scheiben Toastbrot
2 Birnen
1–2 EL Öl
1 EL Butter
Salz, Pfeffer
100 g Emmentaler
1 kleinen Kopf Radicchio (Roter Chicorée)
2 Stiele Thymian

Den Backofen auf 200 °C vorheizen. Die Brotscheiben toasten. Birnen waschen, vierteln, entkernen und in Scheiben schneiden. Öl und Butter in einer Pfanne erhitzen. Birnenscheiben darin bei mittlerer Hitze etwa 1–2 Minuten braten. Salzen und pfeffern. Birnen auf den Broten verteilen. Käse grob reiben und darüberstreuen. Im heißen Backofen etwa acht Minuten überbacken. Inzwischen den Radicchio putzen, waschen und in feine Streifen schneiden. Thymian waschen, trocken schütteln und die Blättchen von den Stielen zupfen. Zusammen mit dem Radicchio über die heißen Brote streuen und servieren.

Vollkorntoast mit Putenbrust

8 Stiele Kerbel
Schnittlauch
4 Eier
8 EL Mineralwasser
280 g Putenbrustfilet
4 Scheiben Vollkorntoast
Margarine
Paprikapulver
Salat

Die Blätter vom Kerbel grob hacken und den Schnittlauch in Röllchen schneiden. Eier mit Mineralwasser verquirlen und würzen. Putenbrust in kleine Würfel schneiden und in heißem Fett anbraten, herausnehmen. Eiermasse in die Pfanne gießen, kurz vor Ende der Garzeit die Kräuter daraufstreuen. Den Toast toasten, zusammen mit etwas Salat auf einem Teller anrichten. Rührei und Fleischwürfel daraufgeben.

Powertoast

350 g Schweinefilet
300 g frische Champignons
2 Frühlingszwiebeln
4 Scheiben Toastbrot
75 g Mozzarella-Käse

Filet in etwa zwei Zentimeter große Scheiben schneiden, würzen, im heißen Fett anbraten und aus der Pfanne nehmen. Pilze waschen, in Scheiben schneiden – ebenso die Frühlingszwiebeln – und circa vier Minuten in der Pfanne anbraten. Die Pilze und Zwiebeln in der Pfanne salzen, pfeffern und herausnehmen. Das Filet, die Pilze und die Zwiebeln gleichmäßig auf dem Toast verteilen, mit dem Käse belegen. Im Ofen bei 220 °C circa fünf Minuten überbacken.

Tipp: Dazu passt ein gemischter Salat.

Pikanter Traubentoast

4 Scheiben Toastbrot
1-2 EL Butter
4 Scheiben Schinkenspeck oder Tiroler Speck
je 100 g blaue und weiße kernlose Weintrauben
100 g Gorgonzola

Den Backofen auf 200 °C vorheizen. Die Brotscheiben toasten und buttern. Mit Speck belegen. Weintrauben waschen, halbieren und auf den Speck legen. Gorgonzola in Flöckchen darauf verteilen und im Backofen etwa zehn Minuten überbacken.

Käse-Trauben-Spieße

Zutaten für ca. 25 Spieße:
200 g Emmentaler Käse am Stück
1 Schale Weintrauben
1 Pck. Fahnenspieße

Den Emmentaler Käse in ca. 25 Würfel schneiden. Weintrauben gut waschen. Zuerst eine Traube und dann ein Stück Käse auf den Spieß stecken. Auf einer Platte aufreihen und servieren.

Zwiebeltoast

4 Scheiben Vollkorntoast
1 Zwiebel (ca. 350 g)
1 EL Zucker
200 ml Weißwein
2 Stiele Thymian
Salz, Pfeffer
1-2 EL Butter
4 Scheiben Gouda
½ Bund Schnittlauch

Die Zwiebel schälen, halbieren und in dünne Scheiben schneiden. Zucker in einer Pfanne goldbraun karamellisieren lassen. Mit dem Wein ablöschen und so lange kochen, bis sich der Karamell gelöst hat. Zwiebeln zugeben und unter gelegentlichem Rühren bei mittlerer Hitze etwa 10 Minuten dünsten, bis die Flüssigkeit fast vollständig verdampft ist. Den Backofen auf 200 °C vorheizen. Den Thymian waschen, trocken schütteln und die Blättchen von den Stielen zupfen. Zu den Zwiebeln geben. Mit Salz und Pfeffer würzen. Brotscheiben toasten und buttern. Die Zwiebelmasse darauf verteilen und mit dem Gouda belegen. Im Backofen etwa zehn Minuten überbacken. Schnittlauch waschen, trocken schütteln und in feine Röllchen schneiden. Über den Gouda streuen und sofort servieren.

Hawaiitoast

4 Scheiben Toast
1-2 EL Butter
4 Scheiben gekochten Schinken
4 Scheiben Ananas
4 Scheiben Schmelzkäse
4 Cocktailkirschen

Den Backofen auf 200 °C vorheizen. Die Brotscheiben toasten und mit Butter bestreichen. Je eine Scheibe gekochten Schinken, eine Scheibe Ananas und zum Schluss eine Scheibe Schmelzkäse darauflegen. Die Toastscheiben auf ein Backblech legen und im vorgeheizten Backofen etwa zehn Minuten überbacken, bis der Käse geschmolzen ist. In die Vertiefung eine Cocktailkirsche legen und noch heiß servieren.

Spaghetti Carbonara	82	Nudelauflauf	85
Spaghetti Aglio Olio	82	Cannelloni	85
Maccheroni à la Bolognese	83	Penne all'arrabbiata	86
Spaghetti Bolognese	83	Lasagne mit Gemüse	86
Nudelteig	84	Nudeln in Tomatensoße	87
Pasta de 'Lira	84	Nudelschnecken am Spieß	88
Macadamia-Rucola-Pesto	84	Penne im Schinken-Käse-Bett	88
Salbeinudeln	85		

Spaghetti Carbonara

250 g Spaghetti
1 Knoblauchzehe
100 g Speck
200 g Sahne
3 Eier
75 g Parmesan

Spaghetti in Salzwasser nach Packungsanleitung kochen. Die Knoblauchzehe fein hacken. Den Speck andünsten, Knoblauch hinzufügen und mit Sahne ablöschen. Dann vom Herd nehmen. Die Eier untermischen. Nudeln und Käse unterheben und mit Salz und Pfeffer abschmecken.

Spaghetti Aglio Olio

500 g Spaghetti
5 Knoblauchzehen
2 rote Peperonischoten
Olivenöl, kalt gepresst
Basilikum
Oregano

Die Spaghetti nach Packungsangabe kochen. Die Knoblauchzehen schälen und klein hacken. Die Peperoni klein hacken. Das Olivenöl erhitzen und darin die Knoblauchzehen und die Peperonischoten erwärmen (nicht zu heiß, damit sie nicht anbrennen). Die Spaghetti abschütten. In eine Schüssel umfüllen. Mit dem Olivenöl-Knoblauch-Peperoni-Gemisch übergießen und die frisch gehackten Kräuter dazugeben. Alles gut durchrühren und sofort servieren.

Maccheroni à la Bolognese

Für 6 Personen:
80 g durchwachsenen Speck
2 EL Butter
1 Zwiebel
200 g Rinderhackfleisch
1 TL Mehl
1/8 l Fleischbrühe
Salz, Pfeffer aus der Mühle
Muskatnuss
1 Gewürznelke
1 Lorbeerblatt
500 g Makkaroni
1 Prise Cayennepfeffer
frisch geriebenen Parmesan

Speck fein würfeln und zusammen mit zwei Esslöffeln Butter in einem Topf gut erhitzen und sanft anbraten. Zwiebel häuten, halbieren und würfeln und dann in der Pfanne glasig andünsten. Hackfleisch hinzugeben und unter Rühren mitbraten und Farbe annehmen lassen. Einen Teelöffel Mehl darüberstäuben und mit der Fleischbrühe ablöschen. Mit Salz, Pfeffer, Muskatnuss würzen, Gewürznelke und Lorbeerblatt dazugeben. Ca. 20 Minuten schmoren lassen. In einem großen Topf zwei Liter Salzwasser zum Kochen bringen. Makkaroni darin bissfest garen. Soße nochmals mit Salz und Pfeffer und Cayennepfeffer würzen und abschmecken. Lorbeerblatt und Gewürznelke herausnehmen. Makkaroni und Soße auf den Tellern anrichten und mit Parmesan garnieren.

Spaghetti Bolognese

1 EL Olivenöl
250 g Rinderhackfleisch
1 Zwiebel
1 Knoblauchzehe
etwas Tomatenmark
etwas Rotwein
1 Dose Pizzatomaten
je 1 TL Oregano, Majoran, Basilikum, Paprikapulver
1 TL Zucker
Salz und Pfeffer
Brühe
200 g Spaghetti
Parmesan zum Bestreuen

Olivenöl in einem Topf erhitzen und das Hackfleisch darin krümelig braten. Die Zwiebel und die Knoblauchzehe klein würfeln und kurz mitbraten. Das Tomatenmark hinzugeben und kurz anrösten. Nun den Rotwein hinzugeben und einkochen lassen. Die Dosentomaten, die Kräuter, das Paprikapulver und den Zucker hinzugeben und mit Salz, Pfeffer und gekörnter Brühe abschmecken. Den Deckel aufsetzen und die Soße ca. 20 Minuten bei schwacher Hitze köcheln lassen. In der Zwischenzeit kann man die Spaghetti kochen und den Parmesan reiben.

Tipp: Mit der Soße lässt sich auch eine leckere Lasagne zubereiten.

Nudelteig

500 g Mehl
2 Eier
⅛ l handwarmes Wasser
1 gestrichenen TL Salz
2 EL Olivenöl

> Besonders cool ist es natürlich, Pasta aus eigener Herstellung auf den Tisch zu bringen. Und das ist leichter als man denkt. Hier ein Rezept für Einsteiger.

Mehl in eine Schüssel sieben. Mit dem Löffelrücken in die Mitte eine Mulde drücken. Die anderen Zutaten in diese Mulde geben und mit dem Knethaken des Rührgeräts rasch zu einem glatten Teig verarbeiten. Dann den Teig aus der Schüssel nehmen und mit der Hand einige Minuten weiterkneten, bis er schön elastisch ist. Am Schluss zu einer Kugel formen. Die Kugel in eine Klarsichtfolie wickeln und 30 Minuten bei Zimmertemperatur ruhen lassen. Den Teig mit einer Nudelmaschine oder dem Nudelholz dünn ausrollen (dünn genug ist er, wenn die Arbeitsfläche, auf der er ausgerollt wird, zu erkennen ist) und dann in Streifen schneiden. Die Streifen in kochendem Salzwasser in 8 Minuten bissfest garen.

Pasta de 'Lira

500 g Pasta
4 EL Olivenöl
½ Knolle Knoblauch
1 EL Zucker
500 g Tomaten
1 Chilischote
Salz, Pfeffer, Paprikagewürz
italienische Kräuter (nach Belieben)

Die Pasta nach Packungsanweisung bissfest in reichlich Salzwasser kochen. Öl in einer hohen Pfanne bei geringer Hitze erwärmen. Knoblauch fein hacken und zusammen mit Zucker und Salz hinzufügen und so lange braten, bis der Zucker und der Knoblauch goldbraun karamellisieren. Tomaten überbrühen, häuten und entkernen. Die Chilischote waschen und entkernen und zusammen mit den Tomaten fein mit dem Messer zerkleinern und der Soße zugeben. Alles 10 Minuten sanft köcheln lassen, mit Salz, Pfeffer, Paprikagewürz und italienischen Kräutern (nach Geschmack) abschmecken und dann mit der Pasta vermengen und genießen.

Macadamia-Rucola-Pesto

4 Cherrytomaten
2 Knoblauchzehen
125 g Macadamianüsse
(geröstet und gesalzen)
ca. 60 g Rucola, gewaschen
Olivenöl
Salz, Pfeffer aus der Mühle

Tomaten, Knoblauch, Macadamia-Nüsse und Rucola in einen Mixer oder eine tiefe Schüssel geben. Etwa vier Esslöffel Olivenöl zugeben und mixen bzw. mit einem Pürierstab pürieren. Mit Salz und Pfeffer kräftig abschmecken und die Konsistenz mit Olivenöl nach Belieben noch verändern.

Salbeinudeln

500 g Nudeln (z. B. Penne)
8-10 Salbeiblätter
100 g Butter
Salz, Pfeffer
100 g Parmesan
1-2 TL Salz

Nudelwasser (2–3 Liter) in einem großen Topf zum Kochen bringen. Salz zufügen und die Nudeln bissfest (al dente) kochen (zehn bis zwölf Minuten). In der Zwischenzeit die Salbeiblätter fein hacken, die Butter in einer Pfanne auslassen, den Salbei zugeben, kurz gehen lassen. Die Nudeln abgießen und mit der Salbeibutter in der Pfanne vermischen. Nach Geschmack geriebenen Parmesan untermischen oder Nudeln auf Teller verteilen und etwas Parmesan darüberhobeln.

Nudelauflauf

500 g Bandnudeln
300 g Schinken
2 Zwiebeln
Petersilie, gehackt
1-2 Eier
1 Becher Sahne
1 Dose Tomatenmark
Salz
Muskatnuss
200 g geraspelten Käse (z. B. Emmentaler oder Gouda)
Butter

Nudeln in Salzwasser kochen, Schinken in Streifen schneiden. Gewürfelte Zwiebeln in Butter glasig dünsten. Schinkenstreifen und Petersilie dazugeben. In eine gefettete Auflaufform abwechselnd Bandnudeln und Schinken-Zwiebeln schichten. Die Eier mit der Sahne, dem Tomatenmark und den Gewürzen verrühren und über die Nudeln-Schinken-Masse geben. Den Käse auf den Auflauf streuen. Zum Schluss Butterflöckchen auf den Käse geben. Den Auflauf im vorgeheizten Backofen bei 200 °C ca. 30 Minuten backen.

Canneloni

1 Zwiebel
300 g Hackfleisch
1 kleine Dose Tomatenmark
Rotwein
16 Canneloni-Nudeln
1 Becher Sahne
1 Beutel Tomato al Gusto (mit Kräutern)
1 Pck. geriebenen Emmentaler
Oregano, Basilikum, Salz, Pfeffer, Paprika, Curry

Zwiebel schneiden und andünsten. Hackfleisch dazugeben und kräftig würzen, Tomatenmark beifügen, gut anbraten und mit Rotwein aufgießen. Canneloni etwa zwei Minuten kochen und dann abschrecken. Anschließend die Nudeln in der Auflaufform mit Hackfleisch füllen. Soße aus Sahne, Tomato al Gusto und Gewürzen zubereiten und über die Nudeln geben. Geriebenen Emmentaler darüberstreuen und eine halbe Stunde bei 250 °C backen.

Penne all'arrabbiata – Grantige Nudeln

400 g Penne
100 g durchwachsenen Speck
1 Pck. passierte Tomaten
1 Zwiebel
2 Knoblauchzehen
1 Bund glatte Petersilie
3 kleine rote Chilischoten
2 EL Butter
Salz, Pfeffer aus der Mühle
1 Stück Parmesankäse zum Reiben

Speck in feine Streifen schneiden. Zwiebel hacken, Knoblauchzehen in Scheiben schneiden. Nudeln in einem Topf mit vier Liter kochendem Salzwasser etwa fünf Minuten vorgaren. Butter in einer großen Pfanne zerlassen, Speck und Zwiebel hineingeben und bei sanfter Hitze und Rühren anbraten. Knoblauch, passierte Tomaten und Chilischoten einrühren, mit Salz und Pfeffer würzen. Bei milder Hitze noch etwas köcheln lassen.

Nudeln abgießen und unter die Soße mischen. Einige Esslöffel Nudelwasser zurückbehalten. Bei Bedarf die Soße verdünnen und in der Pfanne weiter köcheln lassen, bis die Nudeln bissfest sind. Petersilie fein hacken und untermischen. Die Chilischoten entfernen, Soße nochmals mit Salz und Pfeffer abschmecken. Mit frisch geriebenem Käse servieren.

Nudeln auf zornige Art ist die wörtliche Übersetzung der italienischen Spezialität, die aus dem Latium stammt und vor allem bei Freunden scharfer Soßen beliebt ist.

Lasagne mit Gemüse

1 mittelgroße Zwiebel
130 g Möhren
130 g Sellerie
75 g Speck, durchwachsen
2 EL Olivenöl
300 g Hackfleisch vom Rind
1 Dose Tomaten
1 kleine Dose Tomatenmark
1 TL Kräuter, italienisch
Salz, Pfeffer und Muskatnuss
je 40 g Mehl und Butter
330 ml Fleischbrühe, klar
250 ml Milch
200 g Sahne
100 g Käse, gerieben
Lasagneplatten für drei Lagen

Zwiebeln, Möhren und Sellerie schälen, waschen und fein würfeln. Speck würfeln, dann in heißem Öl anbraten. Hackfleisch darin krümelig braten. Sellerie, Möhren und Tomatenmark mit andünsten. Mit Tomaten und Saft ablöschen. Mit Salz, Pfeffer und Kräutern würzen. Dick einkochen lassen. Mehl in heißer Butter anschwitzen. Mit Brühe, Milch und Sahne aufkochen. 75 g Käse unterrühren. Mit Salz, Pfeffer und Muskat würzen. Abwechselnd Lasagneplatten, Bolognese- und Béchamelsauce in eine eckige Auflaufform schichten. Mit Nudeln und Béchamel abschließen. Restlichen Käse darüberstreuen. Im vorgeheizten Backofen (Umluft 180 °C) 45 Minuten backen.

Nudeln in Tomatensoße

Für 6 Personen:
1 Pck. Nudeln
2 Fleischtomaten
2 abgezogene und zerdrückte Knoblauchzehen
1 Pck. passierte Tomaten (500 g)
¼ l Gemüsebrühe
Salz, Pfeffer, gerebelten Majoran, Paprikapulver
geriebenen Parmesan zum Garnieren

Wasser kochen und Salz hinzugeben. Die Nudeln in kochendes Wasser geben und ca. 10 Minuten kochen lassen. Die Fleischtomaten häuten und in kleine Würfel schneiden. Den Knoblauch schälen und mit dem Messer zerdrücken. Passierte Tomaten, Gemüsebrühe, Fleischtomaten und Knoblauchzehen in einen Topf geben und zum Kochen bringen. Wenn die Soße zu flüssig ist, noch etwas einkochen lassen. Mit Salz, Pfeffer, Paprikapulver und dem gerebelten Majoran abschmecken.

> **Tomaten**
> häutet man, indem man oben den Stiel entfernt und unten ein Kreuz hineinschneidet. Man legt sie danach kurz in kochendes Wasser, bis sie aufblähen. Danach nimmt man sie heraus und schält sie in heißem Zustand.

Nudelschnecken am Spieß

Zutaten für 24 Stück:
4 Lasagneblätter
Salz
1 EL Pinienkerne
½ Bund Basilikum
30 g geriebenen Parmesan
1 Knoblauchzehe
4-5 EL Olivenöl
1 TL Salatgewürz
80 g Parmaschinken
50 g Rucola (Rauke)
24 Holzspieße
etwas Frischhaltefolie
1 Pck. Garnelen, in Öl eingelegt (TK)

Lasagneblätter in kochendem Salzwasser 8–10 Minuten garen, herausnehmen, mit kaltem Wasser abspülen und abkühlen lassen. Die Pinienkerne in einer Pfanne ohne Fett rösten und in eine hohe Schüssel geben. Basilikumblätter mit Parmesan, durchgepresster Knoblauchzehe und zwei Esslöffeln Olivenöl zu den Pinienkernen geben und pürieren. Salatmischung und das restliche Olivenöl unterrühren. Jedes Lasagneblatt auf ein Stück Frischhaltefolie legen und mit Basilikum-Käse-Creme bestreichen. Schinkenscheiben und Rucolablätter darauf verteilen. Lasagneblätter mit Hilfe der Folie von der Schmalseite aufrollen. Jede Rolle in sechs Scheiben schneiden und diese auf kleine Holzspieße stecken. Zwischen den Nudelschnecken Garnelen aufspießen.

Penne im Schinken-Käse-Bett

250 g Pennenudeln
5 Scheiben gekochten Schinken
1 Dose Soße Bolognese
1 Becher Sahne
Petersilie, Salz, Cayennepfeffer
Margarine
100 g geschnittenen Emmentaler

Die Nudeln nach Packungsanweisung kochen, den Schinken würfeln und in einer großen Pfanne mit Margarine anbraten, die Bolognese-Soße dazugeben und mit etwas heißem Wasser 10 Minuten kochen lassen. Die gekochten Nudeln dazugeben. Alles gut vermischen, und die Sahne unterrühren. Am Schluss mit Salz, Petersilie und Cayennepfeffer abschmecken. Geschnittenen Emmentaler darauflegen, Deckel auf die Pfanne setzen und warten, bis der Käse geschmolzen ist.

Tipp: Dieses Rezept kann mit einer Dose Champignons weiter verfeinert werden!

Zucchini-Champignon-Karotten-Gemüse	90	Spinat blanchieren	94
Veggiechili	90	Spinat-Käse-Knödel	95
Würzkartoffeln mit Dip	91	Milchreis	96
Sellerieschnitzel	91	Apfelpfannkuchen	96
Gemüsedotsch	92	Riwanzerln (böhmische Liwanzen)	96
Tofu-Spaghetti	92	Kürbissuppe mit Topfennockerln	97
Gemüselasagne	93	Linsensalat	97
Veggiebolognese	93	Falafel	98

Veggie-Küche

Zucchini-Champignon-Karotten-Gemüse

2 Zucchini
2 Karotten
300 g Champignons
1 Zwiebel

200 ml Gemüsebrühe
100 ml Sahne
3 EL Frischkäse
Salz, Pfeffer

Zucchini schälen, halbieren und in Scheiben schneiden. Karotten schälen und in dünne Streifen schneiden. Champignons abbürsten und in dünne Scheiben schneiden. Zwiebel würfeln. Pfanne mit Öl erhitzen. Die Zwiebelwürfel und Karottenstreifen zuerst etwas dünsten, dann die Zucchini- und Champignonscheiben dazugeben, alles salzen und pfeffern und dann ca. 20 Minuten dünsten. Mit Gemüsebrühe ablöschen, die Sahne und den Frischkäse unterrühren, bis eine sämige Soße entsteht.

Veggiechili

200 g Grünkernschrot
600 ml Gemüsebrühe
3 Zwiebeln
3 Knoblauchzehen
2 grüne Paprikaschoten
800 g Tomaten aus der Dose
1 Dose Mais (285 g)
1 Dose Kidneybohnen (265 g)

3 EL Öl
2 EL Tomatenmark
1 TL Paprikapulver, edelsüß
1 TL Kreuzkümmel, gemahlen
1 Prise Zucker
1 TL Tabasco
Salz
schwarzen Pfeffer

Grünkernschrot in der Brühe zum Kochen bringen und 30 Minuten auf kleiner Stufe garen. Abgießen, abtropfen lassen und die Brühe auffangen. Zwiebeln und Knoblauch schälen und klein schneiden. Paprikaschoten waschen, entkernen, Seitenhäute entfernen und ebenfalls klein schneiden. Tomaten aus der Dose nehmen und würfeln. Mais und Kidneybohnen abtropfen lassen.
Öl in einem großen Topf erhitzen. Zwiebeln und Knoblauchzehen darin glasig dünsten. Grünkernschrot hinzugeben und kurz anbraten. Tomatenmark und Paprikapulver unterrühren. Tomatenwürfel und -saft sowie Paprika, Mais und Kidneybohnen hinzufügen. Mit Kreuzkümmel würzen. Alles ca. 20 Minuten köcheln lassen. Dann die aufgefangene Brühe zugießen. Chili mit Pfeffer, Salz, Zucker und Tabasco abschmecken.

Würzkartoffeln mit Dip

1 kg große Kartoffeln
800 ml Pilzfond
9 EL Walnussöl
80 g Sonnenblumenkerne
80 g Sesamsaat
80 g grobes Meersalz
20 g gerebelten Koriander
1 Bund Basilikum
1 Bund Frühlingszwiebeln
300 g Ziegenfrischkäse
Salz, Pfeffer

Die Kartoffeln waschen und mit Schale im Pilzfond ca. 15 Minuten kochen. Anschließend abtropfen lassen und in dicke Scheiben schneiden. Den Backofen auf 200 °C vorheizen. Ein ausreichend großes Backblech mit etwas Öl bestreichen und die Kartoffelscheiben darauf ausbreiten. Diese ebenfalls mit etwas Öl beträufeln und nacheinander mit Sonnenblumenkernen, Sesam, Meersalz und Koriander bestreuen. Das Ganze im Backofen auf der mittleren Einschubleiste ca. 20 Minuten backen.

Das Basilikum waschen, trocknen, und die Blätter in Streifen schneiden. Die Frühlingszwiebeln putzen, waschen und in Ringe schneiden. Frühlingszwiebeln und Basilikum mit dem Frischkäse verrühren und mit Salz und frisch gemahlenem Pfeffer abschmecken. Die Kartoffelscheiben auf Tellern anrichten und mit dem Dip servieren.

Sellerieschnitzel

1 große Sellerieknolle
1 TL Zitronensaft
2 Eier
Semmelbrösel
Mehl
Salz, Pfeffer

Sellerieknolle abschälen, in dünne Scheiben schneiden und in einem Topf mit Salzwasser und Zitronensaft 15 Minuten bissfest garen. Die Selleriescheiben mit einem Sieb abseihen und auskühlen lassen. Die ausgekühlten Selleriescheiben mit Salz und Pfeffer würzen und durch die Panierstraße ziehen (zuerst in Mehl, dann in den verrührten Eiern und am Schluss in den Semmelbröseln wenden). Pfanne mit Öl erhitzen und die Schnitzel goldgelb braten.

Gemüsedatsch „Ratz-Fatz"

1 Pck. Knödelteig (halb und halb)
1 Zwiebel
1 Karotte oder 1 kleine Zucchini
80 g Magerquark
1 Ei
Salz, Öl

Die Karotte oder die Zucchini und die Zwiebel schälen und ganz klein schneiden oder raspeln. Zucchini gut ausdrücken. Gemüse, Quark, Ei und Knödelteig mischen und gut salzen. Die Masse entweder auf ein Backblech mit gefettetem Backpapier geben und ca. 35 Minuten bei 200 °C backen oder in der Pfanne in Öl ausbacken und auf Küchenpapier abtropfen lassen.

Dazu passen Apfelkompott, Preiselbeeren oder Schwammerlsoße.

Tofu-Spaghetti

400 g Spaghetti
280 g festen Tofu natur
2 Zwiebeln
2 Knoblauchzehen
6 getrocknete Tomaten in Öl
½ Bund Basilikum
ca. 9 EL Olivenöl
2 TL gerebelten Oregano
Salz
schwarzen Pfeffer aus der Mühle
200 g Tomatenmark
2 TL Agavendicksaft
80 ml Rotwein
Parmesan

Die Spaghetti in gesalzenem Wasser kochen. Tofu mit einer Gabel in einer Schale zerdrücken. Zwiebeln und Knoblauchzehen schälen und fein hacken. Getrocknete Tomaten abtropfen lassen und fein hacken. Basilikum waschen, trocknen und die Blätter fein hacken. 6 EL Olivenöl in einer Pfanne erhitzen. Tofu darin ca. vier Minuten unter Rühren anbraten, bis er eine goldgelbe Färbung annimmt. Zwiebeln, Knoblauch und Oregano vier Minuten mitbraten, salzen und pfeffern. Tomatenmark, getrocknete Tomaten und Agavendicksaft hinzugeben und alles eine Minute karamellisieren lassen. Mit Rotwein ablöschen und eine Minute kochen lassen. Basilikum unterheben, salzen und pfeffern. Spaghetti mit der Soße und frisch geriebenem Parmesan servieren.

Gemüselasagne

2 EL Speiseöl
2 Zwiebeln
2 Knoblauchzehen
70 g Tomatenmark aus der Dose
Gemüse nach Belieben
(z. B. Karotten, Zucchini, Pilze)
1/8 l Rotwein
1 Pck. passierte Tomaten
oder 1 Dose gehackte Tomaten
Salz, Pfeffer, Paprika (edelsüß), Muskat
½ Bund Basilikum
40 g Butter
40 g Mehl
625 ml Milch
300 g mittelalten Gouda
Lasagnenudeln

Das Speiseöl im Topf erhitzen und die klein gehackten Zwiebeln und Knoblauchzehen darin anschwitzen. Tomatenmark dazugeben und mit anbraten. Das klein geschnittene Gemüse mit anbraten. Rotwein dazugeben und köcheln lassen. Dann die passierten oder gehackten Tomaten hinzugeben. Mit Salz, Pfeffer, Paprika und Basilikum würzen. Nun alles fünf bis zehn Minuten kochen lassen.
In der Zwischenzeit eine Mehlschwitze machen: Butter in einem kleinen Topf zerlassen und mit dem Mehl anschwitzen. Mit der Milch ablöschen und aufkochen lassen. Den Käse unterrühren. Aufkochen lassen und mit Salz, Pfeffer und Muskat abschmecken. Nun wird die Lasagne zusammengestellt: Eine Form ausfetten und abwechselnd Lasagnenudeln, Gemüsesoße und Käsesoße einfüllen. Am Ende kommt Käsesoße darauf und dann den geriebenen mittelalten Gouda darüberstreuen. Noch ein paar Basilikumblätter darauf. Bei 200–225 °C Ober- und Unterhitze 40 Minuten im Ofen backen.

Veggiebolognese

1 Zwiebel in kleinen Würfeln
2 Knoblauchzehen, gepresst
2 Karotten, grob gerieben
2 Stangen Staudensellerie, gewürfelt
3 EL Olivenöl
2 EL Tomatenmark
1 Dose gewürfelte Tomaten (400 g)
450 ml Gemüsebrühe
120 g rote Linsen
4 EL Kräuter nach Geschmack
2 EL Petersilie
½ TL Fenchelsamen
(im Mörser zerstoßen)
Salz und Pfeffer,
Chilipulver nach Belieben
500 g Nudeln

In einer hohen Pfanne die Zwiebel, den Knoblauch, die Karotten und den Sellerie bei mittlerer Temperatur anschwitzen. Das Tomatenmark hinzugeben und anrösten. Die Tomaten, die Brühe, die Linsen und die Kräuter (außer der Petersilie) dazugeben. Mit einem Deckel bedecken und ca. 20-25 Minuten leise köcheln lassen. Eventuell noch etwas Flüssigkeit hinzugeben. Die Bolognese muss wie eine „normale" Hackfleischsoße aussehen. Wenn die Nudeln fertig gekocht sind, alles anrichten und mit Petersilie garnieren.

Spinat blanchieren

Spinat waschen und putzen, in kochendem Wasser 1-2 Minuten köcheln lassen. Dann in einer Schüssel mit kaltem Wasser (Eiswürfel dazugeben = Eiswasser) abschrecken, damit der Garprozess gestoppt wird und der Spinat die Farbe behält.

Spinat-Käse-Knödel

Für 8 Personen:
200 g Semmeln vom Vortag
½ Zwiebel
½ Knoblauchzehe
150 g blanchierten frischen Spinat oder TK-Blattspinat
100 ml Milch
2 Eier
100 g Gouda
50 g Emmentaler
Salz, Pfeffer
50 g Butter
50 g Parmesan
Butter zum Braten

Semmeln in dünne Scheiben schneiden und in eine große Schüssel geben. Zwiebel und Knoblauch schälen und fein würfeln. Den Spinat sehr gut ausdrücken und grob hacken, Tiefkühl-Spinat vorher auftauen. Etwas Butter in einer Pfanne zerlassen. Zwiebel und Knoblauch darin glasig dünsten. Spinat eine Minute mitdünsten. Die Milch zugießen und lauwarm erwärmen. Vom Herd nehmen und mit den Eiern verquirlen. Über die Semmeln geben und 15 Minuten ziehen lassen.
Den Gouda und Emmentaler reiben und zugeben. Alles salzen und pfeffern. Mit den Händen zu einer gleichmäßigen Masse verarbeiten. Daraus mit nassen Händen gleich große Knödel formen. In einem weiten Topf reichlich Salzwasser aufkochen, Knödel darin bei geringer Hitze offen 20 Minuten gar ziehen lassen. Die Butter aufschäumen. Über die abgetropften Knödel gießen. Mit geriebenem Parmesan bestreut servieren.

Tipp:
Dazu passt prima ein gemischter Salat mit kräftigem Dressing.

Milchreis

140 g Milchreis
1 l Milch
1 Prise Salz
75 g Zucker
50 g Butter
75 g Rosinen
Zimt
500 g fein geschnittene Äpfel
Butter für die Form

Reis waschen, abtropfen lassen und dann mit Salz, Zucker, Rosinen, Zimt, Butterstückchen, Apfelscheiben und Milch in eine gefettete Auflaufform geben. Im vorgeheizten Backofen bei 170 °C ca. eine Stunde ohne Umrühren backen lassen.

Apfelpfannkuchen

2 Äpfel
200 g Mehl
375 ml Milch
2 Eier
1 Prise Salz
Fett

Die Äpfel schälen und hobeln. Mehl und Milch glatt rühren, Eier und Salz zugeben und alles mit dem Mixer zu einem glatten Teig verrühren. Etwas Fett in eine Pfanne geben und schmelzen lassen. Eine Kelle voll Teig in die Pfanne geben. Sofort darauf einen Teil der gehobelten Äpfel auf dem Teig verteilen. Die Pfannkuchen goldgelb fertig backen. Auf einen Teller geben, mit Zucker überstreuen und zusammenrollen.

Riwanzerln (böhmische Liwanzen)

½ l lauwarme Milch
20 g Hefe
2 Eier
2 EL Zucker
320 g Mehl
1 Prise Salz

Die lauwarme Milch mit der Hefe verquirlen, dann Eier, Zucker, Mehl und Salz darunterrühren. Den Teig an einem warmen Ort zugedeckt gehen lassen. In einer Riwanzerlpfanne (Pfanne mit Vertiefungen) oder in einer anderen Stielpfanne wenig Fett erhitzen. Zwei Esslöffel Teig hineingeben. Den Teig auf beiden Seiten goldgelb backen. Zum Wenden eignet sich gut eine Stricknadel. Die fertigen Riwanzerln werden entweder mit Zucker und Zimt bestreut oder mit Marmelade bestrichen. Warm servieren.

Kürbissuppe mit Topfennockerln

700 g Kürbis
2 Zwiebeln
2 Knoblauchzehen
2 EL Olivenöl
100 ml trockenen Weißwein
750 ml Gemüsebrühe
250 g Magerquark
1 Eigelb
1 EL Speisestärke
Salz
½ TL Cayennepfeffer
Pfeffer
gemahlene Muskatnuss
125 ml Sahne
2 EL Kürbiskernöl

Den Kürbis schälen und von Kernen befreien, das Fruchtfleisch in größere Würfel schneiden. Zwiebeln und Knoblauch schälen und hacken. Das Olivenöl in einem Topf erhitzen und Zwiebeln, Knoblauch und Kürbisfleisch darin kurz anschmoren. Dann mit Wein und Brühe auffüllen und die Suppe etwa 30 Minuten bei geringer Temperatur köcheln lassen. Quark, Eigelb, Stärke, Salz und Cayennepfeffer zu einer homogenen Masse vermengen und mit dem Löffel kleine Nockerln abstechen. In kochendem Wasser etwa 12 Minuten garen. Nach der Garzeit die Kürbissuppe pürieren und mit Salz, Pfeffer und Muskat abschmecken. Die Sahne einrühren und nach Bedarf die Suppe etwas einkochen lassen. Kürbissuppe mit den Topfennockerln anrichten und mit Kürbiskernöl beträufelt servieren.

Linsensalat

280 g bunte Linsen
4 Frühlingszwiebeln
4 EL Öl
4 TL Essig
Salz, Pfeffer

Weitere mögliche Zutaten:
etwas Knoblauch, sehr fein gehackt
1 Tomate, fein geschnitten
etwas Feta-Käse
1 hart gekochtes Ei

Linsen in ungesalzenem Wasser etwa 20 Minuten kochen. Inzwischen schon mal die Frühlingszwiebeln in feine Ringe schneiden. Linsen in ein feinmaschiges Sieb abgießen; kurz kaltes Wasser darüberlaufen lassen; das Sieb zwei- oder dreimal vorsichtig rütteln und schütteln, damit das Wasser abtropft.
In eine Schüssel füllen, mit Öl, Essig und den Frühlingszwiebeln vermengen, mit Salz und Pfeffer würzen.

Falafel – Veggie-Fleischpflanzerln

1 Dose Kichererbsen
½ Bund Lauchzwiebeln
2 Knoblauchzehen
1 EL Olivenöl
Salz, Pfeffer
¼ TL gemahlenen Kreuzkümmel

3 Stiele Koriander
3 Stiele Thymian
1 Ei
1 EL Semmelbrösel
1 EL Mehl
Öl zum Anbraten

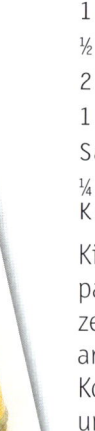

Kichererbsen abtropfen lassen und zwischen Küchenpapier trocken tupfen. Lauchzwiebeln und Knoblauchzehen in sehr feine Würfel schneiden und in etwas Öl andünsten. Mit Salz, Pfeffer und Kreuzkümmel würzen. Koriander und Thymian hacken. Kichererbsen pürieren und mit dem Ei verquirlen. Semmelbrösel, Mehl, Kräuter und die Zwiebel-Knoblauch-Mischung dazugeben und alles glatt miteinander verrühren. Mit Salz und Pfeffer nachwürzen und ca. 30 Minuten kühl stellen. Mit leicht angefeuchteten Händen ca. sechs Zentimeter große Bällchen formen, diese etwas flach drücken und in reichlich Öl bei mittlerer Hitze von jeder Seite etwa vier bis fünf Minuten braten, bis sie schön goldbraun sind.

Pestokranz	100	
Grundrezept Hefeteig	101	
Pizza-Grundrezept	101	
Zucchini-Schiffchen	102	
Cevapcici	102	
Gefüllte Paprika	103	
Tsatsiki	103	
Gyrosauflauf	104	
Gyrossuppe	104	
Maispfanne	105	
Chili con Carne	105	
Couscous	106	
Kartoffelpizza	107	
Burgerdotsch	107	
Kartoffel-Gnocchiteig	108	
Schupfnudeln mit Salbei und Salami	108	
Kartoffel-Cordon-Bleu	109	
Erdäpflauflauf	109	
Spätzlepfanne	110	
Spätzle	110	
Käsespätzle	110	
Parmesanschnitzel	111	
Dänischer Nudelsalat	111	
Schweizer Käsesalat	111	
Hähnchen-Reis-Pfanne	112	
Reisfleisch	112	
Tomatenreis auf portugiesische Art	113	
Jojos Nudelauflauf	113	
Russische Eier	115	
Teufelsfleisch	115	
Chicken-Nuggets	115	
Indonesische Bihunsuppe	116	
Curry-Geschnetzeltes	116	

Pikantes Pikantes Pikantes Pikantes Pikantes

Pestokranz

Für den Hefeteig:
450 g Mehl (Type 550)
1 Pck. Trockenhefe
300 ml lauwarme Milch
3 EL Olivenöl
Salz, etwas Mehl für die Arbeitsfläche

Für die Füllung:
7 EL Pesto (Genovese)
150 g Cocktailtomaten
80 g scharfe italienische Salami
2 Kugeln Mozzarella
Pfeffer
1 Ei (mittelgroß)

Für den Hefeteig alle Zutaten mit einem halben Teelöffel Salz zu einem glatten Teig verkneten und abgedeckt an einem warmen Ort etwa 45 Minuten gehen lassen. Den Teig auf einer bemehlten Arbeitsfläche rechteckig ausrollen und mit Pesto bestreichen. Dabei einen etwa einen Zentimeter breiten Rand frei lassen. Cocktailtomaten in kleine Würfel, Salami in dünne Streifen schneiden und Mozzarella reiben (klein würfeln geht aber auch). Alles auf dem Pesto verteilen, mit Salz und Pfeffer kräftig (!) würzen und den Teig von der Längsseite her aufrollen. Dabei die Nähte fest zusammendrücken, die beiden Enden jedoch nicht. Den Teig zu einem runden Kranz formen, auf ein mit Backpapier ausgelegtes Backblech setzten und rundherum in etwa fünf Zentimeter Abstand tief ein-, aber nicht ganz durchschneiden.
Den Pesto-Kranz abgedeckt weitere 30 Minuten gehen lassen. Das Ei verquirlen, den Kranz damit einstreichen und im vorgeheizten Backofen bei 200 °C etwa 25 bis 30 Minuten backen.

Grundrezept Hefeteig

500 ml Wasser (lauwarm)
40 g Hefe
20 g Salz
25 ml Olivenöl
1 Prise Zucker
925 g glattes Mehl

Im lauwarmen Wasser die Hefe und das Olivenöl mit Salz und Zucker auflösen. Dann das Mehl hinzufügen und einen glatten Teig kneten. Eine halbe Stunde an einem warmen Ort zugedeckt gehen lassen. Dann noch einmal durchkneten und anschließend weiterverarbeiten.

Pizza-Grundrezept

400 g Mehl
1 Pck. Hefe
1 TL Zucker
2 TL Salz
200 ml lauwarmes Wasser
4 EL Öl

Alle Zutaten miteinander vermischen, einen Teig kneten, dann 30 Minuten zugedeckt an einem warmen Ort gehen lassen. Anschließend auf ein Pizzablech ausrollen und nach Herzenslust belegen. Prima Zutaten sind passierte Tomaten, Salami, Schinken, Champignons, Zwiebeln, Knoblauchzehen, Tomaten, Käse etc.

Hefe
Deutschland

Germ
Österreich

Yeast
England

Kvasnice
Tschechien

Hiiva
Finnland

Zucchini-Schiffchen

5 kleine Zucchini
1 altbackene Semmel vom Vortag
2 Zwiebeln
2 TL Öl
375 g Rinderhack
1 Ei
Salz, Pfeffer
Paprikapulver, edelsüß
200 ml passierte Tomaten
Zucker
1 EL Crème fraîche
8 Holzspieße für die Segel

Die Zucchini waschen und trocknen. Vier Zucchini längs halbieren und mit einem Teelöffel ausschaben. Die Semmel entrinden, würfeln und in etwas kaltem Wasser einweichen. Die Zwiebeln schälen und hacken.
Die Hälfte der Zwiebeln in 1 TL Öl andünsten. Sobald die Zwiebel glasig ist in eine Schüssel füllen. Die Semmel ausdrücken und dazugeben. Rinderhack, Ei, Salz, Pfeffer und Paprikapulver ebenfalls dazugeben. Alles mit den Händen verkneten und in die Zucchini füllen. Die restliche Zwiebel im restlichen Öl in einer großen Pfanne andünsten. Die passierten Tomaten dazugeben. Alles salzen, pfeffern und eine Prise Zucker unterrühren. Die Zucchini hineinsetzen und abgedeckt bei milder Hitze ca. 30 Minuten schmoren. Die übrige Zucchini in dünne Scheiben schneiden und diese wie Segel auf die Holzspieße stecken. Die fertig gegarten Zucchini herausnehmen und warm stellen. Die Soße mit der Crème fraîche binden und nochmals mit Salz, Pfeffer und Paprikapulver würzig abschmecken. Die Soße als Spiegel auf Teller verteilen und je zwei mit Segeln verzierte gefüllte Zucchini-Schiffchen daraufsetzen.

Cevapcici

700 g Hackfleisch, gemischt
50 g Petersilie
1 Zwiebel
2 Knoblauchzehen
1 gehäuften EL Mehl
4 EL Öl
Salz, Pfeffer
1 ½ TL Paprikapulver
2 TL Brühe
etwas Öl zum Braten

Hackfleisch mit der Petersilie, der fein gehackten Zwiebel, den durch die Presse gedrückten Knoblauchzehen, Mehl, Öl, Salz, Pfeffer, Paprikapulver und der gekörnten Brühe mischen und einen geschmeidigen Teig kneten. Aus der Masse kleine, etwa zehn Zentimeter lange, dicke Würste formen. Öl in der Pfanne erhitzen und Cevapcici darin braun braten. Man kann die Cevapcici auch grillen, dabei aber immer wieder mit Öl bestreichen. Dazu passt: Tsatsiki.

Gefüllte Paprika

Für 2 Personen:
- 2 Zwiebeln
- 2 rote und 1 gelbe Paprikaschote
- 1 Knoblauchzehe
- 2 TL Pflanzenöl
- 120 g Hackfleisch
- Salz, Pfeffer, Paprikapulver
- 300 g gekochten Reis
- 200 ml Gemüsebrühe
- 300 g passierte Tomaten
- 1 EL Tomatenmark
- 1 Msp. Zucker
- 2 EL Crème fraîche

Zwiebeln in feine Streifen und gelbe Paprikaschote in Würfel schneiden, Knoblauch zerdrücken. Öl in einem Topf erhitzen, Zwiebeln, Knoblauch, die Hälfte der gelben Paprikawürfel und Hackfleisch darin anbraten, mit Salz, Pfeffer und Paprikapulver würzen und mit dem gekochten Reis vermischen.

Die roten Paprikaschoten aushöhlen, mit der Hack-Reis-Masse füllen und in einen Topf setzen. Die restlichen gelben Paprikawürfel zufügen, Brühe und passierte Tomaten angießen und alles ca. 20 Minuten im geschlossenen Topf garen. Gefüllte Paprika herausnehmen und warm stellen. Tomatenmark einrühren, Soße pürieren und mit Salz, Pfeffer und Zucker abschmecken und mit Crème fraîche verfeinern. Gefüllte Paprikaschoten mit Tomatensoße anrichten und servieren.

Tsatsiki

- 250 g Magerquark
- 1 Becher saure Sahne
- 1 EL Olivenöl
- 100 g Salatgurke
- 2 Knoblauchzehen
- Salz, Pfeffer, Dill und Sahne

Speisequark mit saurer Sahne und Olivenöl cremig rühren. Salatgurke schälen und fein raspeln. Knoblauch zerdrücken und mit der Gurke unter den Quark heben. Mit Salz, Pfeffer, Dill und Sahne nach Belieben abschmecken.

Überbackener Gyrosauflauf

1,5 kg Gyros, gewürzt mit Zwiebeln
4 Tomaten
1 Mozzarella
2 Becher Sahne

1 Flasche Cocktail- oder Zigeunersoße
1 Beutel geriebenen Käse
Pfeffer, Salz

Gyros anbraten, Tomaten klein würfeln. Mozzarella ebenfalls würfeln. Drei Viertel des Gyros sowie die Tomaten- und Mozzarellawürfel in eine Auflaufform geben. Jetzt die Cocktail- oder Zigeunersoße mit der Sahne verrühren und über die Masse in der Auflaufform geben. Das restliche Gyros dazugeben und zum Schluss mit Käse bestreuen. Bei 200 °C ca. 45 Minuten überbacken.

Gyrossuppe

Für 10 Personen:
Für die Zwiebelsuppe:
750 g Zwiebeln
1 EL Öl
1,5 l Wasser
2 EL Fleisch- oder Gemüsebrühe

Für das Gyros:
1 kg gewürztes Gyrosfleisch
Öl, Salz
2 rote Paprika
2 grüne Paprika
4 Becher Sahne
1 Dose Gemüsemais
1 Glas Zigeunersoße
1 EL Chilisoße
Pfeffer, Paprika und Chiligewürz (nach Belieben)

Zuerst die Zwiebelsuppe kochen. Zwiebeln in Ringe schneiden. Öl in einem Kochtopf erhitzen und die Zwiebelringe darin glasig andünsten. Wasser und Fleischbrühe verrühren und langsam in den Zwiebeltopf gießen. 5 Minuten köcheln lassen.
Dann das Gyrosfleisch nach und nach in heißem Öl anbraten und etwas salzen. Die Paprika waschen, Kerne entfernen, in Streifen schneiden und zum Gyros geben. Fünf Minuten bei mittlerer Hitze braten. Abkühlen lassen. Dann das Gyros in einen großen Suppentopf geben und die Zwiebelsuppe schöpflöffelweise dazugeben. Mais, Soßen und Sahne hinzugeben und alles aufkochen lassen. Die Suppe ca. 15 Minuten ziehen lassen und nach Belieben mit Salz, Pfeffer, Paprika und Chili abschmecken.

Tipp: Lässt sich prima vorbereiten und wird dann nur erwärmt!

Maispfanne

1 Zwiebel
2-3 Knoblauchzehen
400 g Hackfleisch
1 Tasse Reis
1 Dose Tomaten
1 Dose Mais
¼ l Brühe
1 EL Crème fraîche
evtl. Salz, Pfeffer und Curry

Mais Deutschland
Waaz Franken
Kukuruz Österreich
maíz Spanien
maissi Finnland
milho Portugal

Zwiebel und Knoblauchzehen fein würfeln und mit Hackfleisch anbraten und würzen. Reis dazugeben und kurz andünsten. Tomaten und Mais in die Pfanne geben und mit der Brühe aufgießen. Bei geschlossenem Deckel ca. 20 Minuten garen, bis der Reis fertig ist. Zum Schluss nach Geschmack mit Salz, Pfeffer und evtl. Curry abschmecken (Vorsicht, dass es nicht zu scharf wird) und mit Crème fraîche verfeinern.

Chili con Carne

800 g Hackfleisch vom Rind
2 rote Chilischoten
2 große Zwiebeln
1 Knoblauchzehe
1 gehäuften TL Kreuzkümmel, gemahlen
2 TL Chilipulver
3 große Dosen Tomaten
2 kleine Dosen Kidneybohnen
1 Stange Zimt
Salz, Pfeffer
evtl. Sambal Oelek (Chiliwürzpaste)

Die Zwiebeln und den Knoblauch würfeln und in heißem Öl fünf Minuten anschwitzen, bis sie weich sind. Gehackte Chilischoten (mit Kernen), Kreuzkümmel und Chilipulver hinzufügen und weitere zwei Minuten dünsten. Das Rinderhack in den Topf geben und bei großer Hitze ringsherum krümelig anbraten. Die Dosentomaten und die Zimtstange unterrühren und mit Salz und Pfeffer kräftig würzen. Alles auf mittlerer Hitze 90 Minuten köcheln lassen, dabei gelegentlich umrühren. 30 Minuten vor Ende der Garzeit die Bohnen hinzufügen und eventuell mit Sambal Oelek oder einer anderen scharfen Würzpaste abschmecken.
Mit Weißbrot und einem Klecks Naturjoghurt servieren.

Couscous

1 Pck. Couscous
(Grieß aus Weizen, Hirse oder Gerste)
1 Zwiebel
1 Knoblauchzehe
350 g Lammfleisch
1 Paprika
2 Kartoffeln
1 Pck. Tomatenmark
je nach Geschmack 1 Peperoni

Couscous ist ein Gericht der nordafrikanischen Küche und besteht aus zu Kügelchen zerriebenem Weizengrieß. Couscous wird warm als Beilage, kalt als Salat und mit Milch, Rosinen und Mandeln auch als Süßspeise serviert.

Zwei große Tassen Couscous in eine Schüssel oder einen Suppenteller geben, so viel kaltes Wasser darübergießen, bis es breiig ist und dann ruhen lassen. Während der Wartezeit Zwiebel klein schneiden und in der Pfanne anbraten, Knoblauchzehe pressen und in der Pfanne anrösten. Dann das Lammfleisch dazugeben. Dann die Peperoni und die Paprika mit in die Pfanne geben. Wenn das Fleisch durch ist, die Kartoffeln klein schneiden und dazugeben. Nach kurzer Zeit das Tomatenmark und Wasser dazugeben und köcheln lassen. Währenddessen, den Couscous in einen Topf geben und erwärmen. Nach etwa 5 Minuten den Couscous mit in die Soße geben und alles für circa 5 Minuten noch einmal köcheln lassen.

Kartoffelpizza

750 g Kartoffeln
150 g durchwachsenen Speck
500 g Tomaten
¼ TL gerebelten Oregano
1 EL gehackte Petersilie
Knoblauchsalz
frisch gemahlenen Pfeffer
250 g Maasdamer

Die Kartoffeln schälen, waschen, in dünne Scheiben schneiden und zum Trocknen eine Zeitlang auf Haushaltspapier legen. Den Speck in kleine Würfel schneiden, auslassen, die Kartoffelscheiben hinzugeben, etwa 5 Minuten unter häufigem Wenden braten lassen.
Die Tomaten waschen, Stängelansätze entfernen, in Scheiben schneiden und mit den Kartoffelscheiben vermengen. Beide Zutaten gleichmäßig auf einem gefetteten Backblech verteilen, mit Oregano, Petersilie, Knoblauchsalz und Pfeffer würzen und den Käse gleichmäßig darüber verteilen.
Backzeit bei Ober-/Unterhitze: 200–220 °C (vorgeheizt) und bei
Heißluft: 180–200 °C (nicht vorgeheizt) etwa 25 Minuten.
Die Pizza am Schluss in Stücke teilen und heiß servieren.

Burgerdotsch

500 g Kartoffeln
1 Zwiebel, gehackt
1 großes Ei
1 EL Kartoffelstärke
Petersilie, gehackt
Schnittlauch, gehackt
Salz, Pfeffer, Öl
1 rote Paprikaschote
1 grüne Paprikaschote
1 große Zwiebel
etwas Rucola
1 Tomate
4 Eier
Schnittlauch
Petersilie
Salz, Pfeffer, Öl

Die geriebenen Kartoffeln in einem Tuch ausdrücken und mit der Zwiebel, Gewürzen, Kräutern, dem Ei sowie der Kartoffelstärke vermischen. In einer Pfanne mit heißem Öl die Masse goldbraun ausbacken.
Die zweite Zwiebel und Paprikaschoten dünn hobeln. Die Eier als Spiegeleier braten. Die Dotsch wie Hamburger mit Paprika, Zwiebeln, Rucola, Tomate und Spiegelei belegen. Einen Dotsch oben aufsetzen. Mit Tomatenscheiben, Schnittlauch und Petersilie garnieren.

In acht Schritten zum Kartoffel-Gnocchiteig

800 g mehlige Kartoffeln
150 g Mehl
120 g Hartweizengrieß
1 Ei

1 Prise Salz
1 Prise Muskatnuss
1 EL Öl

1. Die Kartoffeln kochen, auskühlen lassen, abschälen und durch eine Kartoffelpresse drücken (alternativ: noch lauwarme Kartoffeln in einer Schüssel mit Gabel zerdrücken oder zerstampfen).
2. Die geriebenen Kartoffeln auf einer Arbeitsfläche ausbreiten und mit dem Mehl und Hartweizengrieß bestreuen.
3. Das Ei zu den Kartoffeln geben und mit Salz und geriebener Muskatnuss würzen.
4. Die Kartoffeln mit den Händen zu einem Teig verkneten.
5. Den Teig in 200 g große Stücke teilen, bemehlen und zu 1 cm dicken Rollen ausrollen.
6. Mit einem Messer 1 cm große Stücke abschneiden.
7. Die Gnocchi in Salzwasser kochen und in kaltem Wasser auskühlen lassen.
8. Die Gnocchi abtropfen lassen und mit etwas Öl beträufeln.

Schupfnudeln mit Salbei und Salami

400 g Gnocchiteig
(selbst gemacht oder
gekaufte Gnocchi/Schupfnudeln)
1 Prise Salz
2 EL Butter

½ Bund Salbei
100 g scharfe Salami
1 Prise schwarzen Pfeffer

Aus dem Gnocchiteig kleine Schupfnudeln formen und in Salzwasser kochen, bis sie oben schwimmen. Die Butter in einer Pfanne aufschäumen lassen und die gezupften Salbeiblätter hineingeben. Die Salami in Scheiben schneiden, zugeben und leicht anbraten. Die abgetropften Schupfnudeln dann in die Pfanne geben und vermengen. Die Schupfnudeln weitere 5 Minuten rösten und mit Salz und schwarzem Pfeffer würzen.
Als weitere Zutaten können Speck und Sauerkraut hinzugegeben werden.

Kartoffel-Cordon-Bleu

1 ½ kg Kartoffeln
1 Ei
Salz
Muskatnuss
1 Tasse Mehl
200 g Kochschinken
150 g Gouda in Scheiben

1 Ei
Mehl
Semmelbrösel
Butterschmalz
oder Öl zum Ausbacken

Die Kartoffeln einen Tag vorher kochen und durch eine Presse drücken. Am nächsten Tag nach Geschmack salzen, Mehl zugeben und durchkneten. Auf der Arbeitsplatte ausrollen (circa 1,5 Zentimeter dick). Arbeitsfläche immer wieder nach Bedarf bemehlen. Mit einer Tasse Kreise ausstechen. Die Hälfte der Kreise mit Schinken und Käse belegen. Einen Kartoffelkreis obendrauf geben. Dann erst in Mehl, dann in verquirltem Ei und dann in Semmelbröseln wenden. In nicht zu heißem Öl oder Butterschmalz ausbacken, bis die Kartoffel-Cordon-Bleu goldbraun sind.

Erdäpflauflauf

1 kg Kartoffeln
Gemüse nach Belieben
(z. B. Karotten, Lauch, Zucchini...)
1 Becher Sahne
200 ml Gemüsebrühe

Salz, Pfeffer
400 g Hackfleisch
200 g geriebenen Emmentaler

Die Kartoffeln schälen, das Gemüse putzen und alles in Scheiben schneiden (oder hobeln), in eine Auflaufform schichten, mit Salz und Pfeffer würzen. Das Hackfleisch gut anbraten und ebenfalls mit Salz und Pfeffer würzen, über die Kartoffeln und das Gemüse geben. Dann mit Sahne und Gemüsebrühe aufgießen. Den Auflauf zugedeckt bei 200 °C im Ofen backen.
Nach einer halben Stunde den Käse darüberstreuen und ohne Deckel weiterbacken, bis er goldbraun ist. Nach Bedarf Gemüsebrühe nachgießen.

Tipp: Statt Hackfleisch kann auch Stadtwurst verwendet werden.

Spätzlepfanne

1 Zwiebel
200-300 g Kochschinken
1-2 Stangen Lauch
(geht auch ohne!)
ca. 200 g Sahne
ca. ¼ l Brühe
2 Pck. Eierspätzle, pfannenfertig (ca. 1000 g)
Öl
Salz, Pfeffer

Zwiebel, gekochten Schinken und Lauch klein schneiden.
Zwiebel im heißen Öl glasig anbraten, Lauch und Kochschinken dazugeben und kurz andünsten. Mit Brühe und Sahne ablöschen und kurz aufkochen lassen. Eierspätzle unterziehen und alles durcherhitzen. Vorsichtig würzen.

Spätzle

250 g Mehl
2 Eier
⅛ l Wasser
½ TL Salz
1 EL Butter

Mehl, Eier, Wasser und Salz in einer Rührschüssel mit dem Rührgerät (Knethaken) zu einem zähen Teig verarbeiten und 20 Minuten ruhen lassen. Dazu die Schüssel mit einem Küchentuch abdecken. Reichlich Salzwasser – einen großen Topf mit Wasser und ½ TL Salz gefüllt – zum Kochen bringen. Den Teig portionsweise in die Teigform auf dem Spätzlehobel füllen und die Spätzle direkt in das kochende Salzwasser hineinhobeln, indem man den Aufsatz hin- und herschiebt. Spätzle 2-3 mal kräftig aufkochen lassen. Sobald die Nudeln oben schwimmen, sind sie fertig und können mit einer Schöpfkelle abgeschöpft werden. Spätzle dann in kaltes Wasser geben, damit sie nicht zusammenkleben. Wenn alle Spätzle fertig sind, diese gut abtropfen lassen. Butter in einer Pfanne erhitzen und die Spätzle darin schwenken.

Käsespätzle

Zutaten wie bei Spätzle
1 große Zwiebel
100 g geriebenen Emmentaler

Spätzle herstellen wie oben beschrieben. 1 große Zwiebel würfeln und in der Butter leicht anbraten. Eine Auflaufform mit Butter einfetten und die Spätzle abwechselnd mit den Zwiebeln einschichten. Käse über die Spätzle in der Auflaufform verteilen. Das Ganze bei 190°C ca. 10 bis 15 Minuten im Backofen überbacken.

Parmesanschnitzel

4 Schnitzel
etwas Salz und Pfeffer
etwas Mehl

3 Eier
100 g Parmesankäse
etwas Öl

Schnitzel mit Salz und Pfeffer würzen, in Mehl wenden. Eier verquirlen, 2 EL Mehl sowie den Parmesankäse zufügen, alles gut verrühren. Anschließend die Schnitzel darin wälzen, Panade andrücken, danach in heißem Öl goldbraun braten. Am besten passen zu den leckeren Parmesanschnitzel typisch italienisch Spaghetti und Tomatensoße.

Dänischer Nudelsalat

125 g Hörnchennudeln
1 kleine Dose Erbsen
1 kleine Dose Ananas
1 kleine Dose Karotten

125 g gekochten Schinken
100 g Mayonnaise
1/8 l Ananassaft
Salz, Pfeffer, Zucker, Petersilie

Nudeln in Salzwasser gar kochen und abtropfen lassen. Nudeln, abgetropftes Gemüse, fein geschnittene Ananasstückchen, klein gewürfelten Schinken, Mayonnaise und ca. 1/8 l Ananassaft vorsichtig miteinander vermischen und mit Salz, Pfeffer und Zucker abschmecken. Zum Schluss die fein gehackte Petersilie unter den Salat geben.

Schweizer Käsesalat

250 g Hartkäse
100 g Schinken
½ grüne Paprika
3 Scheiben Ananas

½ Dose Mandarinen
2-3 EL süße Sahne
4 EL Mayonnaise
1-2 TL süßen Senf

Käse, Schinken, Paprika und Ananas in Streifen schneiden. Mandarinen halbieren. Sahne, Senf und Mayonnaise verrühren und über die Zutaten geben. Alles locker mischen.

Hähnchen-Reis-Pfanne

250 g Naturreis
Salz
1 mittelgroße Zwiebel
je 1 kleine rote, grüne und gelbe Paprikaschote
1 Fleischtomate (ca. 200 g)
4 Hühnerbrustfilets (ca. 500 g)
1 Knoblauchzehe
2 EL Öl
Salz
schwarzen Pfeffer
½ TL mittelscharfes Paprikapulver
2 EL Butter
1 Bund Petersilie

Salzwasser in einem Topf zum Kochen bringen und den Reis darin etwa 20 Minuten (siehe auch Packungsanleitung) bissfest garen. In ein Sieb abgießen und gründlich abtropfen lassen.
Die Zwiebel schälen und fein würfeln. Paprika halbieren, von Samen und Scheidewänden befreien, waschen und in Streifen schneiden. Tomate überbrühen, häuten, entkernen und würfeln. Brustfilets in grobe Stücke schneiden. Den Knoblauch schälen.
Das Öl in einer Pfanne erhitzen, die Hähnchenstücke zugeben und 5 Minuten anbraten. Knoblauch dazupressen und das Fleisch mit Salz, Pfeffer und Paprika würzen. Aus der Pfanne nehmen und warm stellen.
Die Butter in der Pfanne schmelzen. Zwiebelwürfel und Paprikastreifen zugeben und bei milder Hitze 5 Minuten anbraten. Den Reis und die Tomatenwürfel zufügen und mit Salz, Pfeffer und Paprikapulver abschmecken. Die Brustfilets darauflegen, Deckel schließen und bei milder Hitze 10 Minuten garen. Petersilie waschen, abzupfen, fein hacken und vor dem Servieren über das Gericht streuen.

Reisfleisch

1 EL geräuchertes Wammerl
400 g Schnitzelfleisch
Salz und Pfeffer
2 Zwiebeln
3 Paprikaschoten
1 kleine Dose Tomatenmark
2 Tassen Reis
4 Tassen Brühe
2 EL geriebenen Käse

Geräuchertes Wammerl in Würfel schneiden und in der Pfanne auslassen. Schnitzelfleisch in Streifen schneiden, salzen und pfeffern und kurz anbraten. Anschließend Zwiebeln in Würfel und Paprika in Streifen schneiden und mit dem Tomatenmark andünsten. Alles in eine Auflaufform schütten, Reis dazustreuen, mit Brühe aufgießen und Käse darüberstreuen. Form mit einem Deckel schließen und bei 175 °C circa 45 Minuten im Backrohr garen.

Tomatenreis auf portugiesische Art

1 kleine Zwiebel
1 EL Olivenöl
1-3 Knoblauchzehen
4 Tomaten

2 Tassen Reis
2 TL Brühe
eventuell Tomatenmark

Zwiebel abziehen, würfeln und im Olivenöl glasig dünsten (genügend großen Topf nehmen), Knoblauch abziehen und entweder fein hacken oder durch die Presse drücken. Die Tomaten waschen, von den Stielen befreien und grob würfeln. Tomaten und Knoblauch zur Zwiebel in den Topf geben und fünf Minuten dünsten (Tipp: Tomatenmark hinzugeben), dann den gewaschenen Reis zugeben und auch kurz dünsten.

Mit reichlich Wasser aufgießen (circa 1 Liter), die Brühe dazugeben und den Reis normal garen. Bei dieser Reisvariante darf man ruhig zwischendrin mal umrühren und auch, wenn nötig, Wasser zugeben. Er soll nicht trocken kochen, sondern schön saftig werden.

Tipp: Tomatenreis schmeckt toll zu allem Kurzgebratenen und einfach super zu gebratenem Fisch, z. B. Scholle, Seezunge, Forelle oder Saibling.

Jojos Nudelauflauf

1 Zwiebel
1-2 Paprikaschoten (nach Größe)
100 g Champignons
200 g gekochten Schinken
150 g Emmentaler oder Gouda

250 g Nudeln
1 Dose Tomatenstücke
1 Becher Sahne
etwas Salz, Pfeffer, Pizzakräuter oder Italienische Kräuter

Zwiebel, Paprika und Champignons klein schneiden. Schinken in Würfel schneiden und Käse reiben. Nudeln mit Gemüse- und Schinkenwürfeln sowie mit zwei Dritteln des Käses mischen. Tomaten und Sahne darübergeben, ebenso Gewürze und alles gut vermengen.

Masse in eine Auflaufform geben, Deckel drauf bzw. mit Alufolie abdecken und ab in den Ofen. Bei 200 °C circa 25 Minuten backen, danach umrühren, restlichen Käse darüberstreuen und weiter 20 Minuten ohne Abdeckung backen.

Öle

Wie gesund ein Öl ist, hängt vom Anteil der verschiedenen Fettsäuren ab. Empfehlenswert sind Öle, die wenig gesättigte Fettsäuren enthalten, dafür aber viele mehrfach ungesättigte, essenzielle Fettsäuren. Denn gesättigte Fettsäuren können den Gefäßen schaden und das Risiko für Herzinfarkt und Schlaganfall erhöhen. Palmöl hat einen sehr hohen Anteil an gesättigten Fettsäuren (46 Prozent!). Besonders wenig gesättigte Fettsäuren sind mit jeweils acht Prozent in Raps- und Sonnenblumenöl enthalten – beim Olivenöl ist der Anteil mehr als doppelt so hoch (19 Prozent). Zudem enthält Olivenöl mit acht Prozent verhältnismäßig wenig mehrfach ungesättigte Fettsäuren. Zum Vergleich: in Sonnenblumenöl stecken 65 Prozent, in Sojaöl 62 und in Maiskeimöl 51 Prozent. Welches Öl verwendet man zu welchem Zweck?

Zum Anbraten:
Da raffinierte Öle hitzebeständiger sind, eignen sich hier raffiniertes Oliven-, Raps-, Erdnuss und Sonnenblumenöl.
Öl darf auf keinen Fall in der Pfanne riechen und qualmen, da sonst krebserregende Substanzen entstehen können. Distel- und Leinöl sind daher zum Braten ungeeignet.
Native Speiseöle sind zwar weniger hitzebeständig, doch auch sie können problemlos bei schonendem Braten, Schmoren und Grillen von Fleisch, Geflügel und Gemüse eingesetzt werden. Ein natives Olivenöl Extra Vergine eignet sich hervorragend zum Anbraten bei einer maximalen Hitze von 180 °C.

Zum Frittieren:
Hier braucht man Öle, die Temperaturen über 200 °C aushalten und lange hitzebeständig sind. Das gilt für Palm- und Kokosfett sowie spezielle Mischfette.

Zum Backen:
Hier eignen sich am besten neutrale Öle wie Sonnenblumenöl oder Rapsöl.

Russische Eier mit Lachs

6 Eier
ca. 100 ml Sahne
Salz
Pfeffer
Paprikapulver
etwas Schnittlauch
200 g geräucherten Lachs

Für die Verzierung:
Cornichons
Sardellenfilets
1 rote Paprikaschote

Alle Eier hart kochen, abschrecken, schälen und abkühlen lassen. Vier Eier vorsichtig halbieren, Eigelb auskratzen und in eine hohe Rührschüssel geben. Zwei Eier ganz dazugeben. Mit so viel Sahne pürieren, bis eine spritzfähige Masse entsteht. Mit Salz, Pfeffer, Paprikapulver und fein geschnittenem Schnittlauch würzen. In einen Spritzbeutel mit Sterntülle geben. Die Hohlräume der halbierten Eier mit der Masse großzügig ausspritzen. Nach Belieben mit Paprikaschote, Cornichons und Sardellenfilets verzieren. Auf einer Servierplatte mit dem Lachs anrichten.

Teufelsfleisch

500 g mageres Schweinefleisch (z. B. Schnitzel)
3 EL Öl
1 Zwiebel
1 TL Mehl
Salz, Paprika
1 TL Kümmel

1 TL Senf
1 EL Tomatenmark
125 ml Wasser
1 Essiggurke
2 Sardellen
1 TL Kapern

Fleisch in kleine Würfel schneiden, Öl erhitzen, Fleisch hineingeben und mit der geschnittenen Zwiebel anbräunen. Mehl und Gewürze dazugeben und dünsten. Kochendes Wasser mit Senf und Tomatenmark verrühren, dann langsam aufgießen und 40 Minuten garen. Zum Schluss die klein geschnittenen Gurken und Sardellen dazugeben und abschmecken. Dazu gibt es Bratkartoffeln und Salat.

American Chicken-Nuggets

500 g Brustfilet (Huhn)
Salz, Pfeffer

2 Eier, Semmelbrösel
zerstampfte Cornflakes

Das Brustfilet in Stücke schneiden, leicht pfeffern und salzen. In einem tiefen Teller die beiden Eier verquirlen, in einem anderen Semmelbrösel und Cornflakes vermengen. Die Filetstücke nacheinander im Ei und dann in den Semmelbröseln wenden und in einer Pfanne etwa fünf Minuten knusprig braten.
Am besten passen dazu Pommes. Aber auch mit einer Semmel schmecken die Hühnchenbruststücke lecker.

Indonesische Bihunsuppe

5 Mu-Err-Pilze (getrocknet oder im Glas)
150 g Hähnchenbrustfilet
1 kleine Karotte
1 rote Paprikaschote
150 g Glasnudeln
1 l Wasser
1 Würfel Hühnerbrühe
10 Champignons, in Streifen geschnitten
40 g Sprossen (Mungobohnensprossen im Glas)
80 g Bambusscheiben in Streifen (im Glas)
3 EL dunkle Sojasoße
1 TL Pfeffer
1 TL Currypulver
3 EL Reiswein oder Weißwein
1 EL Reisessig
2 EL Sesamöl
1 TL Sambal Oelek
3 EL Worcestersauce
1 Prise Salz

Mu-Err-Pilze 30 Minuten in warmem Wasser einweichen und in Streifen schneiden. Hähnchenbrust in Streifen schneiden und ca. 20 Minuten kochen. Karotte und Paprika in Streifen schneiden. Glasnudeln mit der Haushaltsschere in etwa vier Zentimeter lange Stücke schneiden. Wasser zum Kochen bringen, Hühnerbrühe und die restlichen Zutaten, bis auf die Nudeln und die Gewürze, dazugeben. Sobald die Suppe wieder aufkocht, die Gewürze und die Nudeln dazugeben. Rund sechs Minuten köcheln lassen.

Tipp: Die meisten Zutaten findet man im Supermarkt in der Asia-Ecke.

Curry-Geschnetzeltes

1 EL Butterschmalz oder Öl
500 g Putenfleisch
2 Zwiebeln
evtl. nach Belieben Gemüse (Mais, Paprika, Broccoli) oder Champignons
Salz und Pfeffer
2 EL Mehl
2 EL Tomatenmark
2 EL Currypulver oder 1 TL Currypaste aus dem Glas
500 ml Hühnerbrühe
150 g Crème fraîche, saure Sahne oder Schmand
100 g Joghurt
evtl. nach Belieben Obst (Aprikosen, Ananas, Mandarinen)

In zerlassenem Butterschmalz oder Öl das in feine Streifen geschnittene Putenfleisch anbraten, gewürfelte Zwiebeln (und evtl. Gemüse) zufügen und mitdünsten. Pfeffer, Salz, Mehl, Curry und Tomatenmark zufügen und kurz anschwitzen. Mit der Hühnerbrühe ablöschen und zehn Minuten köcheln lassen. Vom Herd nehmen. Crème fraîche und Joghurt (und evtl. Obst) zugeben, nochmals erhitzen, aber nicht mehr kochen lassen.

Dazu passen Spätzle, Rösti, Kroketten oder Reis.

Tiramisu	118	Vanillecreme mit Himbeersoße	122
Himbeertiramisu	118	Himbeer-Sahne-Baiser	122
Erdbeertiramisu	119	Buttermilchmousse	122
Panna cotta mit Himbeersoße	119	Schwarzbeer-Buttermilch-Pie	123
Mousse au Chocolat	120	Israelkuchen	124
Vanillequark mit Erdbeeren	120	Malacovtorte	124
Quark-Joghurt-Creme mit Früchten	121	Crêpes	124
Schichtdessert mit Joghurt-Creme	121	Wiener Kaiserschmarrn	125
Obstsalat	121	Pfannkuchen mit Quark-Bananen-Füllung	125
		Kirschmichl	126

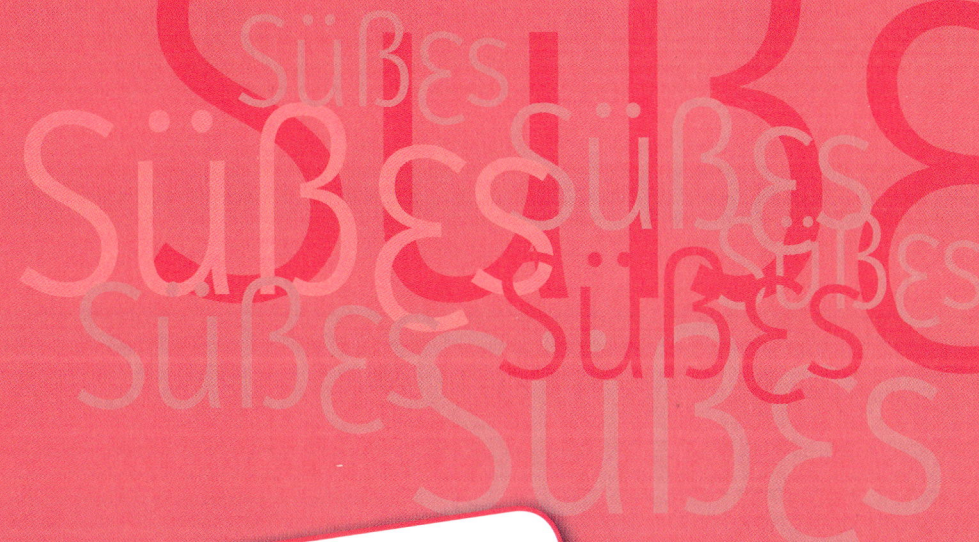

Tiramisu

5-6 TL Espresso (instant) oder löslichen Kaffee
200 g Schlagsahne
250 g Mascarpone
250 g Quark
3-4 EL Zucker
2 EL Zitronensaft
1 Pck. Vanillezucker
10 EL Amaretto-Likör
250 g Löffelbiskuits
4 EL Kakao

Das Espressopulver oder den löslichen Kaffee in 3/8 l heißem Wasser auflösen und abkühlen lassen. Die Sahne steif schlagen. Mascarpone, Quark, Zucker, Zitronensaft und Vanillin-Zucker verrühren. Die Sahne unterheben. Den Amaretto-Likör mit dem Espresso verrühren.
Eine rechteckige Form (ca. 21 mal 28 Zentimeter groß) mit Löffelbiskuits auslegen und mit der Hälfte der Espresso-Likör-Mischung beträufeln. Die Hälfte der Creme daraufstreichen und mit den übrigen Löffelbiskuits, bis auf zwei Stück, belegen. Die restliche Espresso-Likör-Mischung darüberträufeln und den Rest der Creme daraufstreichen. Dann das Tiramisu über Nacht kalt stellen.
Am Schluss die übrigen Löffelbiskuits zerbröckeln und über das Tiramisu streuen und vor dem Servieren mit Kakao bestäuben.

Himbeertiramisu

500 g Quark
3 Becher Schmand
2 EL Zitronensaft
80 g Zucker
2 Pck. Vanillezucker

300 g Löffelbiskuits
1/8 ml Kirschsaft
400 g Himbeeren (tiefgefroren)
100 g Schokostreusel

Quark, Schmand, Zitronensaft, Zucker und Vanillezucker vermischen. Löffelbiskuits in eine Auflaufform legen und mit etwas Kirschsaft beträufeln. Quarkmasse auf Biskuits verteilen, die Himbeeren auf die Quarkmasse legen und zum Abschluss Schokostreusel auf die Quarkmasse streuen. Vorgang zwei bis drei Mal wiederholen, so dass mehrere Schichten entstehen.

Erdbeertiramisu

2 Pck. Puddingpulver mit Vanillegeschmack
½ l Milch
60 g Zucker
1 kg Erdbeeren (oder andere Beeren)
1 Spritzer Zitronensaft
1 Becher süße Sahne
500 g Magerquark
125 g Zucker
400 g Löffelbiskuits
Kakaopulver

Puddingpulver in wenig kalter Milch anrühren. Die restliche Milch mit dem Zucker zum Kochen bringen. In die kochende Milch das angerührte Puddingpulver gießen und unter Rühren aufkochen lassen. Den Pudding unter gelegentlichem Rühren erkalten lassen. Die Beeren waschen (auftauen), sehr gut abtropfen lassen und den Stielansatz entfernen. Früchte klein schneiden und je nach Geschmack zuckern. Einen Spritzer Zitronensaft darübergeben und durchmischen. Zugedeckt etwas ziehen lassen. Anschließend pürieren. Die Sahne steif schlagen, den Quark mit dem Zucker cremig rühren. Nach und nach den abgekühlten Pudding unterrühren. Die steife Sahne unterziehen. Die Löffelbiskuits kurz in das Erdbeerpüree tauchen und eine große Auflaufform damit auslegen, mit einer Schicht Vanillecreme bedecken. Weitere Löffelbiskuits in das Erdbeerpüree tauchen und darüberlegen. Restliche Creme über alles streichen und die Oberfläche glätten. Den Kakao darüberstreuen. Im Kühlschrank noch mindestens 1 Stunde ziehen lassen.

Panna cotta mit Himbeersoße

1 Vanilleschote
500 g Schlagsahne
2 EL Zucker
3 Blatt weiße Gelatine

Für die Soße:
250 g frische oder TK-Himbeeren
Saft von ½ Zitrone
50 g Puderzucker

Mark der Vanilleschote auskratzen und mit Sahne und Zucker in einem Topf verrühren. Kurz aufkochen und 15 bis 20 Minuten leicht köcheln lassen. Die Gelatine im kalten Wasser einweichen, danach ausdrücken und in der heißen Sahne auflösen. Die Masse in vier kleine Schalen gießen und etwa drei Stunden kalt stellen. Für die Soße frische Himbeeren kurz waschen und abtropfen lassen. Die Tiefkühlhimbeeren auftauen lassen. Die Früchte durch ein Sieb streichen und zusammen mit Zitronensaft und Puderzucker verrühren. Soße auf Panna cotta geben.

Mousse au Chocolat

2 Tafel Zartbitterschokolade
2 Eier
2 EL Zucker
2 Becher Sahne
2 Sahnesteif
2 Pck. Vanillezucker

Die Schokolade in einem Wasserbad schmelzen. In der Zwischenzeit die Eier mit dem Zucker mit dem Handrührgerät mindestens vier Minuten aufschlagen. Die Sahne mit dem Sahnesteif und dem Vanillezucker steif schlagen und abwechselnd mit der noch flüssigen Schokolade zügig unter die Eiermasse rühren. In Dessertschälchen füllen, dekorieren und kühl stellen. Wichtig ist, dass man schnell arbeitet, damit keine Klumpen entstehen!

Tipp: Besonders verführerisch ist die Mousse, wenn man sie mit filetierten Orangenscheiben oder marinierten Himbeeren serviert.

Vanillequark mit Erdbeeren

1 Pck. Vanillepudding
500 ml Milch
3 EL Zucker
2-3 Schalen Erdbeeren (je 250 g)
500 g Magerquark

Puddingpulver mit 2 Esslöffeln Milch und Zucker in einer Schüssel verrühren und nach Anleitung zubereiten. Anschließend 45 Minuten im Kühlschrank ruhen lassen. Erdbeeren vierteln. Quark löffelweise mit dem Schneebesen unter den Pudding rühren. Die Gläser mit einem Esslöffel füllen: Immer abwechselnd eine Schicht Quarkspeise, dann eine Schicht Erdbeeren in das Glas geben.

Quark-Joghurt-Creme mit Früchten

250 g Quark
200 g Joghurt
etwas Milch
2-3 EL Zucker
Zitronensaft
Früchte der Saison

Quark, Joghurt, Milch, Zucker und etwas Zitronensaft glatt rühren. Früchte der Saison klein schneiden. Schichtweise die Creme und die Früchte in einem Glas anrichten. Mit einzelnen Früchten garnieren.

Schichtdessert mit Joghurt-Creme

300 g Erdbeeren
100 g Puderzucker
300 g Joghurt
200 ml Sahne
1 Pck. Vanillezucker

Erdbeeren waschen, putzen, klein schneiden, mit 40 Gramm Puderzucker fein pürieren. Sahne mit Vanillezucker steif schlagen. Joghurt mit restlichem Puderzucker glatt rühren und die Sahne löffelweise unter den Joghurt rühren. Im Wechsel pürierte Erdbeeren und Joghurt-Creme in Dessertgläser füllen, kalt stellen.

Tipp: Erdbeerpüree wird besonders fein, wenn man es nach dem Pürieren durch ein feines Sieb streicht!

Obstsalat

1 Apfel
1 Birne
1 Banane
1 Ananas
250 g Trauben
500 g Erdbeeren
500 g Kirschen
1 Mango
evtl. etwas Fruchtsaft
Honig oder Ahornsirup

Früchte waschen, klein schneiden und gut durchmischen. Evtl. mit Fruchtsaft und etwas Honig oder Ahornsirup abschmecken und etwas ziehen lassen.

Tipp: Dazu schmeckt ganz lecker Naturjoghurt.

Gestürzte Vanillecreme mit Himbeersoße

5 Blatt weiße Gelatine
250 g Mascarpone
80 g Zucker
Saft von 1 Zitrone
evtl. 1 EL Orangenlikör
1 Vanilleschote

300 g Joghurt
150 ml Sahne

Für die Himbeersoße:
200 g Himbeeren (TK)
75 g Zucker

Für die Vanillecreme die Gelatine in kaltem Wasser einweichen. Mascarpone mit Zucker, Zitronensaft und (nach Belieben) Orangenlikör cremig rühren. Die Vanilleschote halbieren und das Mark herauskratzen. Den Joghurt mit dem Vanillemark unter den Mascarpone rühren. Die Gelatine tropfnass bei mittlerer Hitze vorsichtig auflösen. Etwas von der Creme in die Gelatine rühren. Dann mit der restlichen Creme schnell verrühren. Die Sahne steif schlagen und unterziehen. Die Vanillecreme in kleine, mit Wasser ausgespülte Schalen füllen und für etwa zwei Stunden im Kühlschrank fest werden lassen. Die Himbeeren auftauen lassen, anschließend durch ein feines Sieb mit dem Zucker streichen und verrühren. Die Vanillecreme auf den Teller stürzen. Mit der Himbeersoße servieren.

Himbeer-Sahne-Baiser

3 Becher Sahne
etwas Zucker

Baiser
1 Pck. Himbeeren (TK)

Die Sahne mit etwas Zucker steif schlagen. Eine zerbröselte Schicht Baiser in eine Schüssel, darauf die geschlagene Sahne, darauf die tiefgekühlten Himbeeren, darauf wieder Sahne, als letzte Schicht dann wieder zerbröseltes Baiser nehmen. Mindestens fünf Stunden vor dem Servieren zubereiten.

Buttermilchmousse

4 Blatt Gelatine
2 EL Zitronensaft
500 ml Buttermilch

125 g Zucker
200 g Sahne

Die Gelatine im erwärmten Zitronensaft einweichen, auflösen und mit dem Zucker zur Buttermilch geben, dann im Kühlschrank kalt stellen. Danach die Sahne steif schlagen und unter die halbsteife Buttermilchmasse heben. Wieder kalt stellen, bis die Mousse fest ist. Dazu je nach Geschmack Rote Grütze, Früchte, Frucht- oder Schockoladensoße reichen.

Miss Marples Schwarzbeer-Buttermilch-Pie

500 g Schwarzbeeren
80 g Butter oder Margarine
400 g Mehl
1 Pck. Backpulver
1 Prise Salz

1 Pck. Vanillezucker
200 g Zucker
300 ml Buttermilch
3 Eier
Fett für die Pie-Form

Die Schwarzbeeren waschen, verlesen und dann abtropfen lassen. Das Fett zerlassen und anschließend etwas abkühlen lassen. Mehl mit Backpulver, Salz, Vanillezucker und 100 Gramm Zucker vermischen. Buttermilch mit den Eiern verquirlen und langsam zur Mehl-Zucker-Mischung gießen. Alles mit dem Schneebesen des Handrührgerätes zu einem glatten Teig verrühren. Zum Schluss die zerlassene Butter unterrühren.
Pie-Form fetten und den Teig hineingeben, glatt streichen. Beeren darauf verteilen, mit dem restlichen Zucker bestreuen. Im vorgeheizten Backofen bei 200 °C ca. 30 Minuten backen, bis der Pie schön gebräunt ist. Auskühlen lassen.

Israelkuchen

Für den Teig:
200 g Butter oder Margarine
200 g Zucker
4-5 Eier
275 g Mehl
2 TL Backpulver
1 Fläschchen Rumaroma
1 Prise Salz

Für den Belag:
150 g Butter oder Margarine
100 g Zucker
1 Ei
2 Pck. Vanillezucker
1 große Dose Ananas
3 kleine Dosen Mandarinen
3 Becher Crème fraîche
1 Pck. Löffelbiskuits

Für den Teig Butter mit Zucker und Eiern schaumig rühren. Mehl, Backpulver, Rumaroma sowie die Prise Salz dazugeben und gut verrühren. Die Masse auf ein Backblech verteilen und bei 175 °C circa 15 bis 20 Minuten backen.
Für den Belag Butter mit Zucker schaumig rühren. Ei und Vanillezucker dazugeben. Mandarinen und Ananas sehr gut abtropfen lassen und dann mit der Crème fraîche unter die Schaummasse heben. Kühl stellen.
Die Creme auf dem gebackenen Boden verteilen. Anschließend Löffelbiskuits mit Hilfe eines Nudelholzes zerkleinern und darüber verteilen. Den Kuchen über Nacht in den Kühlschrank stellen.

Malacovtorte

120 g Butter
140 g Zucker
3 Eigelb
2 Pck. Vanillezucker
140 g geriebene Mandeln

250 ml Sahne
1 Pck. Löffelbiskuit
200 ml Milch mit einem Schuss Rum
1 Dose Ananasstücke

Butter und Zucker schaumig rühren, Eigelb nach und nach zugeben. Vanillezucker, Mandeln und ungeschlagene Sahne unterrühren. Löffelbiskuit kurz in Milch-Rum-Mischung eintauchen. Creme, Biskuit und Ananas lagenweise in eine Schüssel legen und durchziehen lassen.

Crêpes

250 g Mehl
500 ml Milch
3 Eier
1 Prise Salz

Alle Zutaten in einer Schüssel zu einem Teig mischen. Den Teig etwa eine Stunde ziehen lassen. Danach nochmals gut umrühren. Falls er zu zähflüssig ist, noch etwas Milch dazugeben (der Teig sollte leicht flüssig sein). Danach kann der Teig auf dem Crêpe-Eisen portionsweise zubereitet werden — die Crêpes sollten auf beiden Seiten leicht goldbraun sein.

Wiener Kaiserschmarrn

100 g Mehl
3 Eier
¼ l Milch
30 g Butter
1 EL Rum
30 g Rosinen
Puderzucker

Das Mehl in eine Schüssel sieben und eine Vertiefung eindrücken. Eier trennen. Eigelb und Milch verrühren, Butter schmelzen und dazugeben, Rum unterheben, dann alles mit dem Mehl verrühren. Eiweiß zu Schnee schlagen und unterziehen.
Das Fett in einer Pfanne erhitzen. Den Teig etwa einen Zentimeter dick in die Pfanne gießen, anbacken lassen, wenden, weiter anbacken lassen und dann in Stücke zerteilen.
Das Ganze goldgelb backen und auf einer vorgewärmten Platte anrichten.
Mit Puderzucker bestreuen.

Tipp: Dazu schmeckt ganz toll Preiselbeerkompott.

Eier trennen

Das Ei nicht zu fest an den Rand einer Schüssel schlagen, so dass die Bruchstelle möglichst mittig ist. In jeder Hand hat man dann eine Eischalenhälfte. In einer davon befindet sich das Eigelb, das Eiklar tropft bereits ab. Das Eiklar von der anderen Hälfte in eine Schüssel kippen.
Das Eigelb trennt man dann vom restlichen Eiklar, indem man es abwechselnd von einer Schalenhälfte in die andere füllt. Wenn Eiklar und Eigelb vollständig getrennt sind, kann man das übrig gebliebene Eigelb in die zweite Schüssel geben.

Pfannkuchen mit Quark-Bananen-Füllung

Für den Teig:
250 g Mehl
1 Prise Salz
3 Eier
450 ml Milch
50 ml Mineralwasser
1 Pck. Vanillezucker
Fett zum Ausbacken
Puderzucker zum Bestreuen

Für die Füllung:
250 g Quark
70 g Zucker
3 Eigelb
1 EL Milch
1 EL Vanillepuddingpulver
1 Prise Salz
Schale von einer halben Zitrone
3 Bananen

Für den Teig Mehl, Salz, Eier und etwas Milch glatt rühren. Mineralwasser und restliche Milch dazugeben. Der Teig sollte dünnflüssig vom Löffel laufen. In einer Pfanne etwas Fett zerlaufen lassen und dann dünne Pfannkuchen goldgelb ausbacken und etwas auskühlen lassen.
Alle Zutaten für die Füllung – außer den Bananen – gut verrühren und auf die ausgekühlten Pfannkuchen verteilen. In Scheiben geschnittene Bananen in die Mitte legen und alles aufrollen. Mit Puderzucker bestreuen.

Kirschmichl

3 alte Semmeln
½ l Milch
5 Eier
70 g Zucker
1 Pck. Vanillezucker
2 gehäufte EL Vanillepuddingpulver
250 g entsteinte Sauerkirschen
2 EL Butter
1 EL Vanillezucker
1 TL Zimt

Semmeln schneiden, mit Milch übergießen und 20 Minuten einweichen lassen. Eier, Zucker, Vanillezucker und Puddingpulver schaumig rühren. Eingeweichte Semmeln und Sauerkirschen unterrühren. Alles in eine Auflaufform füllen und mit Vanillezucker, Zimt und Butterflöckchen bestreuen und bei ca. 175 °C auf mittlerer Schiene goldgelb backen.

Kerschdn
Mittelfranken

körsbär
Schweden

cherry
England

cereja
Portugal

kiraz
Türkei

kers
Niederlande

Guglhupf	128	Nussecken	136	American Brownies	144
Schokokuchen	128	Blätterteigschnecken	137	Kirsch-Brownies mit weißem Schokogitter	144
Zitronenkuchen	129	Kartoffellebkuchen	137	Eistütenpops	145
Tutti-Frutti-Kuchen	129	Omas Butterplätzchen mit Zitronenguss	138	Grundrezept Biskuitteig für Obstkuchen	146
Versunkener Apfelkuchen	130	Chocolate-Chip-Cupcakes	139	Obstkuchen belegen	146
Bienenstich	130	Amarena-Cupcakes	139	Biskuitkuchen	147
Elf-Tassen-Kuchen	131	Cupcakes-Toppingvariationen	141	Bananentorte	147
Käseküchlein mit Pfiff	132	Cremevariante	141	Labambaschnitten	148
Goldiger Käsekuchen	132	Schmelzvariante	141	Floridatorte	148
Eierlikörkuchen	133	Himbeer-Buttercreme	141	Walnuss-Buttercreme-Torte	149
Schokohäuflein	134	Vanille-Buttercreme	141	Schokoladentorte	149
Nougatplätzchen	134	Schokomuffins	142	Schneeflockentorte	150
Tiramisukugeln	135	Schnelle Schokomuffins	142	Apfelstrudel	150
Rumschnitten	135	Bananen-Schoko-Muffins	143		
Schneebälle	136				

Guglhupf

6 Eier
300 g Zucker
300 g Mehl
300 g Butter
1 Pck. Vanillezucker
1 Pck. Backpulver
3 TL Kakao

Die Eier aufschlagen und zusammen mit dem Zucker mit dem Rührgerät schaumig schlagen. Das Mehl mit dem Vanillezucker und Backpulver verrühren und anschließend unter die Eiermasse rühren. 2/3 des Teiges in eine Guglhupf-Backform geben. Kakao unter das andere Drittel mischen, dann auf die helle Kuchenmasse geben und mit einer Gabel kreisend in der Form unterheben (ganz vorsichtig).
Backzeit: ca. 45 Minuten bei 180 °C.

Schokokuchen

300 g Butter
300 g Zucker
2 Vanillezucker
6 Eier
200 g Nüsse
100 g Schokoflocken oder geraspelte Schokolade
150 g Mehl
1 Pck. Backpulver
50 g Kakao
2 Schnapsgläser Rum
Margarine, Mehl oder Semmelbrösel für die Form

Die Butter mit dem Rührgerät cremig rühren, dann Zucker, Vanillezucker und Eier dazugeben. Etwa zwei Minuten verquirlen, dann Nüsse, Schokoflocken, Mehl, Backpulver, Kakao und Rum dazugeben und alles miteinander verrühren, bis es ein geschmeidiger Kuchenteig wird. Den Teig in eine mit Margarine ausgestrichene und mit Mehl oder Semmelbrösel bestäubte Kuchenform füllen. Bei 160 °C Umluft ca. 40 Minuten backen.

Einfacher Zitronenkuchen

180 g Zucker
240 g Mehl
1 Pck. Vanillezucker
1 Pck. Backpulver
½ Fläschchen Zitronenaroma
1 Pck. abgeriebene Zitronenschale
4 Eier
200 g Sahne

Für die Glasur:
Saft einer Zitrone
50 g Puderzucker

Außerdem:
Fett und Paniermehl für die Form

Die Zutaten der Reihe nach (bis auf den Zitronensaft und den Puderzucker) in eine Schüssel geben und mit dem Handrührgerät verrühren, bis ein dünnflüssiger Teig entsteht. Diesen in eine gut gefettete und mit Paniermehl bestäubte Kastenform füllen. Im nicht vorgeheizten Heißluftofen bei 160 °C ca. 45 Minuten backen.
Den Kuchen nach dem Erkalten mit einer Zuckerglasur überziehen. Dazu ca. 4-6 TL Zitronensaft mit so viel Puderzucker verrühren, dass eine zähflüssige Zuckercreme entsteht. Damit den kalten Zitronenkuchen einpinseln.

Tutti-Frutti-Kuchen mit Guss

Für den Teig:
100 g Butter
100 g Zucker
2 Eier
150 g Mehl
1 gestrichenen TL Backpulver
abgeriebene Schale einer Zitrone
Für den Belag:
750-1000 g frisches Obst nach Saison und Geschmack

Für den Guss:
¼ l Milch
30 g Butter
60 g Zucker
1 Pck. Vanillezucker
30 g Hartweizengrieß
2 Eigelb
2 Eiweiß
abgeriebene Schale einer Zitrone

Butter, Zucker und Eier schaumig rühren. Das Mehl mit dem Backpulver sieben und einrühren. Den Teig in der Form verstreichen.
Das Obst waschen bzw. säubern. Kernobst entkernen und in Scheiben schneiden. Für den Guss aus Milch, Butter, Zucker, Vanillezucker und Hartweizengrieß einen Grießbrei kochen und erkalten lassen. Eigelb unterziehen. Eiweiß zu Eischnee schlagen und ebenfalls vorsichtig unterziehen. Abgeriebene Zitronenschale unterrühren. Den Teig mit Obst belegen, mit dem Guss bestreichen und bei 180 °C Ober- und Unterhitze ca. 45–50 Minuten backen lassen.

Versunkener Apfelkuchen

120 g weiche Butter
200 g Mehl
140 g Zucker
1 Pck. Vanillezucker
3 Eier
1 gestrichenen TL Backpulver
4-5 säuerliche Äpfel (z. B. Boskop)
Butter

Den Backofen auf 180 °C vorheizen. Die Backform mit Butter fetten und mit Mehl bestäuben. Die Butter in kleinen Stückchen in eine Rührschüssel geben und mit den Quirlen des Rührgeräts cremig rühren. Vom Zucker 2 EL abnehmen und zur Seite stellen. Den restlichen Zucker, den Vanillezucker und die Eier nach und nach zur Butter geben und so lange rühren, bis die Masse schaumig und hellgelb ist. Mehl und Backpulver in ein kleines Sieb geben und auf den Teig sieben. Alles kurz verrühren. Den Teig in die Form geben und glatt streichen.
Die Äpfel vierteln und das Kerngehäuse herausschneiden. Die Apfelviertel schälen und auf der Rückseite längs ein paar mal einritzen (aber nicht durchschneiden!). Die Apfelviertel mit den Einschnitten nach oben kreisförmig in den Teig setzen und mit dem restlichen Zucker bestreuen.
Den Kuchen auf die mittlere Schiene im Backofen schieben und etwa 40 Minuten goldbraun backen. Den Stäbchen-Test (siehe Seite 146) durchführen, ob der Kuchen schon fertig gebacken ist. Den Kuchen etwa fünf Minuten in der Form stehen lassen, dann vorsichtig aus der Form lösen und ganz abkühlen lassen.

Bienenstich mal anders

2 Tassen Buttermilch
2 Tassen Zucker
3 Eier
4 Tassen Mehl
1 Pck. Backpulver
1 Dose Ananasstücke
1 Tasse Kokosraspel
1 Tasse Zucker für den Belag
125 g flüssige Butter

Buttermilch, 2 Tassen Zucker und Eier verrühren, dann das Mehl mit dem Backpulver einrieseln lassen und verrühren. Die Masse auf einem Backblech verteilen und mit den abgetropften Ananasstücken belegen. 1 Tasse Kokosraspel mit einer Tasse Zucker vermischen und auf den Teig verteilen. Bei 200 °C ca. 30 Minuten goldgelb backen. Danach auf den noch warmen Kuchen 125 g flüssige Butter gießen.

Elf-Tassen-Kuchen

Für den Teig:
2 Tassen Zucker (normale Kaffeetassen)
2 Tassen Buttermilch
2 Eier
4 Tassen Mehl
1 Pck. Backpulver

Für den Belag:
2 Tassen Kokosraspel
1 Tasse Zucker
1 Pck. Vanillezucker
2 EL Buttermilch
1 Becher Sahne

Zucker, Buttermilch, Eier, Mehl und Backpulver mit dem Mixer zu einem Teig verrühren und den Teig auf einem mit Backpapier ausgelegten Blech verteilen.
Für den Belag aus Kokosraspel, Zucker, Vanillezucker und Buttermilch Streusel mit dem Rührgerät rühren und auf dem Teig verteilen. Ca. 20 Minuten bei 200 °C backen und am Schluss auf den noch heißen Kuchen einen Becher süße Sahne streichen.

Käseküchlein mit Pfiff

80 g weiche Butter
100 g Zucker
40 g Hartweizengrieß
abgeriebene Schale und Saft von ½ Bio-Zitrone

500 g Quark (20 % Fett)
2 Eier (Größe M)
50 g Himbeer- oder Erdbeerkonfitüre
12 Förmchen von je ca. 100 ml Inhalt

Die Butter mit dem Zucker und dem Grieß in einer Rührschüssel cremig rühren. Zitronenschale und -saft mit dem Quark und den Eiern unterrühren. Die Speisestärke darüberstäuben und unterheben. Die Konfitüre in einem kleinen Topf erwärmen, bis sie schön geschmeidig ist.
Die Quarkmasse in die Förmchen verteilen. Jeweils ca. einen Teelöffel Konfitüre daraufgeben und diese mit einer Kuchengabel spiralförmig leicht in die Quarkmasse einrühren. Den Backofen auf 180 °C vorheizen. Die Kuchen im heißen Ofen in der Mitte ca. 30 Minuten backen, bis sie aufgegangen und schön gebräunt sind. Die Kuchen zehn Minuten in der Form stehen lassen, dann herauslösen und komplett abkühlen lassen.

Goldiger Käsekuchen

Für den Teig:
200 g Mehl
75 g Butter
75 g Zucker
1 Pck. Vanillezucker
1 Ei
2 TL Backpulver

Für die Creme:
150 g Zucker
750 g Magerquark
3 Eigelb
Mark einer Vanilleschote
Saft einer Zitrone
½ l Milch
100 ml Pflanzenöl

Für das Baiser:
3 Eiweiß
100 g Zucker

Alle Zutaten für den Teig verkneten und in eine ausgefettete Springform (28 Zentimeter Durchmesser) geben. Die Zutaten für die Creme der Reihe nach zu einer geschmeidigen Creme verrühren und in die Springform geben. Den Kuchen im auf 200 °C vorgeheizten Ofen etwa 45 Minuten backen.
In der Zwischenzeit das Eiweiß steif schlagen und dabei den Zucker einrieseln lassen. Den Kuchen nach angegebener Backzeit aus dem Ofen nehmen und die Ofenhitze auf 160 °C reduzieren. Das geschlagene Eiweiß auf den vorgebackenen Kuchen geben, mehrfach einstechen und mit einer Gabel einige Spitzen nach oben ziehen. 20 Minuten bei 160 °C backen.

Tipp: Der Kuchen schmeckt natürlich auch ohne Baiser.

Eierlikörkuchen (Schüttelkuchen) sehr saftig – ohne Butter

125 g Mehl
125 g Speisestärke
4 gehäuft TL Backpulver
250 g Puderzucker, gesiebt
2 Pck. Vanillezucker

5 Eier
250 ml Öl
250 ml Eierlikör
Fett für die Form
Mehl für die Form

Mehl mit Speisestärke und Backpulver mischen, in eine verschließbare Schüssel (ca. 3 Liter) sieben, mit Puderzucker und Vanillezucker mischen. Eier, Öl und Eierlikör hinzufügen. Die Schüssel mit dem Deckel fest verschließen. Mehrmals (insgesamt 15 bis 30 Sekunden) kräftig schütteln, so dass alle Zutaten gut vermischt sind. Alles mit einem Teigschaber nochmals sorgfältig durchrühren.
Eine Gugelhupfform (Durchmesser 22 Zentimeter) ausfetten und bemehlen und am besten etwas kühlen). Dort den Teig hineinfüllen. Die Form auf dem Rost in den Backofen schieben und etwa 60 Minuten backen. Backtemperatur bei Ober- und Unterhitze etwa 180 °C (vorgeheizt) und
bei Heißluft etwa 160 °C (nicht vorgeheizt).
Kuchen danach etwa 10 Minuten
in der Form stehen lassen,
auf einen Kuchenrost stürzen
und erkalten lassen.

Schokohäuflein (Crossies)

300 g Vollmilchschokolade
200 g Zartbitterschokolade
20 g Butter
75 g Palmin
2 EL Vanillezucker
150 g Kokosflocken
170 g Cornflakes

Schokolade und Butter im Wasserbad schmelzen und dann die anderen Zutaten dazumischen. Masse gut durchrühren und kleine Häufchen auf ein Brett setzen, danach kühl stellen.

Nougatblätzchen

380 g weiche Butter
1 Ei
125 g Puderzucker
380 g Mehl
5 g Backpulver
etwas Nougat
Schokokuvertüre

Die Butter schaumig rühren, Ei und Puderzucker langsam dazurühren. Danach Mehl und Backpulver langsam unterrühren. Nun den Teig in einen Spritzbeutel füllen und aufs Backpapier längliche Stäbe spritzen. Diese auf 180 °C Umluft ca. 12 Minuten backen. Etwas Nougat schmelzen und damit einen Keks bestreichen und mit einem zweiten zusammenkleben. Zum Schluss Kuvertüre in einem heißen Wasserbad schmelzen und die Doppel-Kekse darin halb eintauchen.

Tiramisukugeln

1 ½ Pck. Löffelbiskuits
2 EL Kakaopulver
7 EL Milch
250 g Mascarpone
2 EL Puderzucker
1 Pck. Vanillezucker
3 EL Kakaopulver

Löffelbiskuits in einer Schüssel zerbröseln (oder in einen Gefrierbeutel geben und mit einer Teigrolle klein machen). Kakaopulver mit der Milch vermischen und über die Löffelbiskuits geben. 15 Minuten ziehen lassen. Mascarpone, Puderzucker und Vanillezucker verrühren. Biskuitbrösel untermischen. Daraus kleine Kugeln formen und im Kakaopulver wälzen. Die Kugeln kühl stellen.

> „Tiramisu" (zieh mich hoch) ist ein Dessert aus Venetien. Zur Herkunft des Namens gibt es verschiedene Versionen. So soll ein Gast in einer Trattoria in den 1940-er Jahren nach dem Genuss einer Nachspeise ausgerufen haben: „Ottimo, c'ha tirato su" (Optimal, das hat mich hochgezogen). Das Gericht selbst geht auf Köche aus Modena und dem Veneto zurück, die Anfang des 19. Jahrhunderts inspiriert durch die Charlotte russe des französichen Kochs Antoine Careme eine Charlotte mit Mascarpone herstellten.

Rumschnitten

Für den Teig:
200 g Butter
250 g Zucker
1 Prise Salz
5 Eier
1 Pck. Vanillezucker
300 g Mehl
1 Pck. Backpulver

Für den Belag:
500 ml Milch
2 Pck. Vanillepuddingpulver
80 g Zucker
2-3 EL Margarine
etwas Eierlikör
1 Pck. Butterkekse
etwas Rum
Schokoladenguss

Aus Butter, Zucker, Salz, Eiern, Vanillezucker, Mehl und Backpulver einen Rührteig herstellen und auf einem Backblech (am besten mit hohem Rand) ausbreiten und ca. 25 Minuten bei 175 °C backen.
Milch mit Zucker und Puddingpulver verrühren, erhitzen und Margarine sowie Eierlikör untermengen. Aufpassen, dass die Puddingmilch nicht überkocht oder der Pudding anbrennt. Den festen Pudding als Creme auf dem Teig ausbreiten. Zum Schluss etwa 25–30 Butterkekse mit der Unterseite in Rum tauchen und auf den Kuchen legen (die Oberseite darf nicht aufweichen). Anschließend die Kekse mit Schokoladenguss bestreichen.

Schneebälle

Für den Biskuitteig:
6 Eier
200 g Zucker
6 EL warmes Wasser
300 g Mehl
½ Pck. Backpulver
Backpapier

Für die Füllung:
250 g Quark
1 Becher Crème fraîche
3 EL Zucker
1 Pck. Vanillezucker
1-3 EL Amaretto

½ Fläschen Buttervanillearoma
3 Becher Sahne
3 Pck. Sahnesteif
1 Dose Mandarinen
Kokosflocken

Aus Eiern, Zucker, Wasser und Mehl einen Biskuitteig anrühren, auf einem mit Backpapier ausgelegtem Blech ausbreiten und bei 165 °C Umluft ca. 20 bis 25 Minuten backen, bis er goldbraun ist. Dann aus dem Ofen nehmen und abkühlen lassen. Anschließend klein zerbröseln und in eine Schüssel geben. Quark, Crème fraîche, Zucker, Vanillezucker, Amaretto, Buttervanillearoma mischen. Die geschlagene Sahne unterheben und die abgetropften Mandarinen mit hineingeben. Die Masse zum Biskuitteig geben und alles per Hand zerdrücken, bis eine homogene Masse entsteht. Diese zu kleinen Bällen formen und in Kokosflocken wälzen. Am besten schmecken die Schneeflocken, wenn man sie einen Tag vor dem Verzehr herstellt und in den Kühlschrank stellt.

Nussecken

Für den Teig:
1 Becher Sahne
(Becher Maß für weitere Zutaten)
1 Becher Zucker
2 Becher Mehl
1 Pck. Backpulver
4 Eier
1 Pck. Vanillezucker
Für den Belag:
¼ Butterstück (etwa 150 g)
1 Pck. Vanillezucker
1 Becher Zucker
5 EL Milch
200 g gemahlene Nüsse
1 Schokoglasur

Aus den Teigzutaten einen Rührteig herstellen, den Teig auf einem gefetteten Backblech bei 200 °C ca. 10 Minuten leicht goldgelb backen. In dieser Zeit den Belag herstellen. Butter auf dem Ofen flüssig werden lassen, die restlichen Zutaten dazumischen und kurz aufkochen lassen. Die Masse auf den Teig (der schon 10 Minuten gebacken hat) verteilen und circa 15 Minuten bei 200 °C weiterbacken. Die fertigen Nussecken in Dreiecke schneiden und die Ecken mit Schokoglasur überziehen.

Blätterteigschnecken

Für ca. 15 Stück:
1 Ei
75 g Crème fraîche
125 g geriebenen Emmentaler
Petersilie (am besten frisch, ansonsten tiefgefroren oder getrocknet)
Salz, Pfeffer, Muskatnuss, Pizzagewürz, Cayennepfeffer
1 Pck. Blätterteig (aus dem Kühlregal)
6 Scheiben gekochten Schinken

Das Ei, die Crème fraîche, den Emmentaler, die gehackte Petersilie sowie die Gewürze in einer Schüssel mit dem Schneebesen verrühren. Den Blätterteig auf einem großen Schneidebrett ausbreiten und mit der Hälfte dieser Masse bestreichen. Darüber wird der Schinken gelegt, bevor die restliche Masse darauf verteilt wird. Nun wickelt man den belegten Blätterteig, beginnend von den kürzeren Seiten des Rechtecks, beidseitig bis zur Mitte hin auf. Von der entstandenen „Doppelrolle" schneidet man ca. einen Zentimeter dicke Scheiben („Schweineohren") ab und legt diese auf ein mit Backpapier bedecktes Blech. (Tipp: Nicht irritieren lassen, wenn die Scheiben auseinanderzufallen scheinen – durch das Backen wird alles fixiert). Im Ofen wird das Ganze bei 220 °C ca. 20–25 Minuten goldgelb gebacken.

Tipp: Die Schnecken schmecken sowohl heiß als auch kalt.

Kartoffellebkuchen

2 Eier
250 g Zucker
125 g Nüsse, gemahlen
125 g Mandeln, gemahlen
130 g Kartoffeln, gekocht
100 g Mehl
30 g Zitronat
30 g Orangeat
½ Pck. Backpulver
½ EL Zimt
½ EL Nelken, gemahlen
1 Pck. Oblaten

Für den Guss:
Puderzucker, Arak, Wasser oder Schokoglasur

Aus Eiern, Zucker, Nüssen, Mandeln, gekochten Kartoffeln, Mehl, Zitronat, Orangeat, Backpulver, Zimt und Nelken einen Teig zubereiten. Mit einem Löffel den Teig auf Oblaten setzen oder mit einem Spritzbeutel aufspritzen. Bei 170 °C ca. 15–20 Minuten backen. Aus Puderzucker, Arak und Wasser einen Guss zubereiten oder eine Schokoglasur im heißen Wasserbad auflösen und damit die Lebkuchen bestreichen.

Omas Butterblätzchen mit Zitronenguss

Für den Teig:
250 g Butter
50 g Butterschmalz
100 g Zucker
1 Ei
ca. 450 g Mehl
(davon 400 g für den Teig,
50 g zum Arbeiten und Ausrollen)

Für den Guss:
150 g Puderzucker
3 EL Zitronensaft, frisch gepresst
1 Tüte gehackte Pistazien

Das Mehl in eine Schüssel sieben. Butter und Butterschmalz in Flöckchen daraufgeben. Zucker darüberstreuen. Das Ei in die Mitte geben und alles rasch zu einem Teig verkneten. Dann den Teig ca. 1 Stunde im Kühlschrank ruhen lassen.
Den Teig auf einem Arbeitsbrett ausrollen (nicht zu dünn!). Plätzchen mit einer Plätzchenform ausstechen (circa 3–4 Millimeter dick), dann auf ein mit Backpapier belegtes Backblech legen. Den Ofen auf 160 °C vorheizen (Ober- und Unterhitze). Die Plätzchen circa 15–17 Minuten auf der zweiten Schiene von unten backen, bis sie goldgelb sind. Dann herausnehmen und auskühlen lassen. In der Zwischenzeit den Guss anrühren. Dazu den Puderzucker mit dem Zitronensaft verrühren. Den Guss auf die Plätzchen streichen und mit den Pistazien garnieren.

Chocolate-Chip-Cupcakes

Für 10 Stück:
115 g weiche Butter
75 g Streuzucker, extrafein
2 EL braunen Zucker
2 Eier

175 g Mehl
1 TL Backpulver
120 ml Milch
175 g Schokotropfen, zartbitter

Die Butter mit dem Rührgerät zwei Minuten cremig und weich schlagen. Streuzucker und braunen Zucker zusammen mit den Eiern unterrühren. Mehl und Backpulver hineinsieben und verrühren. Dann die Milch unterrühren, bis ein sämiger Teig entsteht und zum Schluss die Schokotropfen hineinmischen.
Den Teig in vorbereitete Muffinförmchen füllen und im Backofen bei 160 °C Umluft ca. 25 Minuten backen. Danach aus dem Ofen nehmen und auskühlen lassen.

Tipp: Der Rührteig wird lockerer, wenn man Mehl und Backpulver vor dem Verrühren durch ein Sieb gibt.

backen — Deutschland
to bake — England
frire — Frankreich
péct — Tschechien
baka — Schweden
pjek — Albanien

Amarena-Cupcakes

110 g weiche Butter
120 g Zucker
3 Tropfen Bittermandelöl
2 Eier
125 g Mehl
80 g gemahlene Mandeln
1 gehäuften TL Backpulver

¼ TL Natron
1 Prise Salz
80 g Buttermilch
140 g Amarenakirschen/-sirup aus dem Glas
40 g Mandelplättchen
150 g kalte Sahne
Papierförmchen

Backofen auf 180 °C vorheizen. Butter mit Zucker und Bittermandelöl cremig rühren. Die Eier nach und nach unterrühren. Das Mehl in eine Schüssel sieben, gemahlene Mandeln, Backpulver, Natron und Salz untermischen. Die Mehlmischung mit Buttermilch unter die Eiermasse rühren.
Den Teig in die Papierförmchen füllen. Zwölf Amarenakirschen und vier Esslöffel Sirup beiseitestellen, die übrigen Kirschen auf dem Teig verteilen. Mit Mandelplättchen bestreuen. Im Ofen ca. 20 Minuten backen. Herausnehmen und kurz abkühlen lassen.
Für das Topping die Sahne mit Amarenasirup steif schlagen. Die Sahne in einen Spritzbeutel mit Sterntülle füllen und auf die Cakes spritzen. Jeweils mit einer Amarenakirsche verzieren.

Cupcake-Einladungskarte

Man braucht:
Schere, Kleber, buntes Tonpapier, Bleistift, Lineal,
verschiedene Maskingtapes (bunte Klebebänder aus einem Bastelgeschäft).

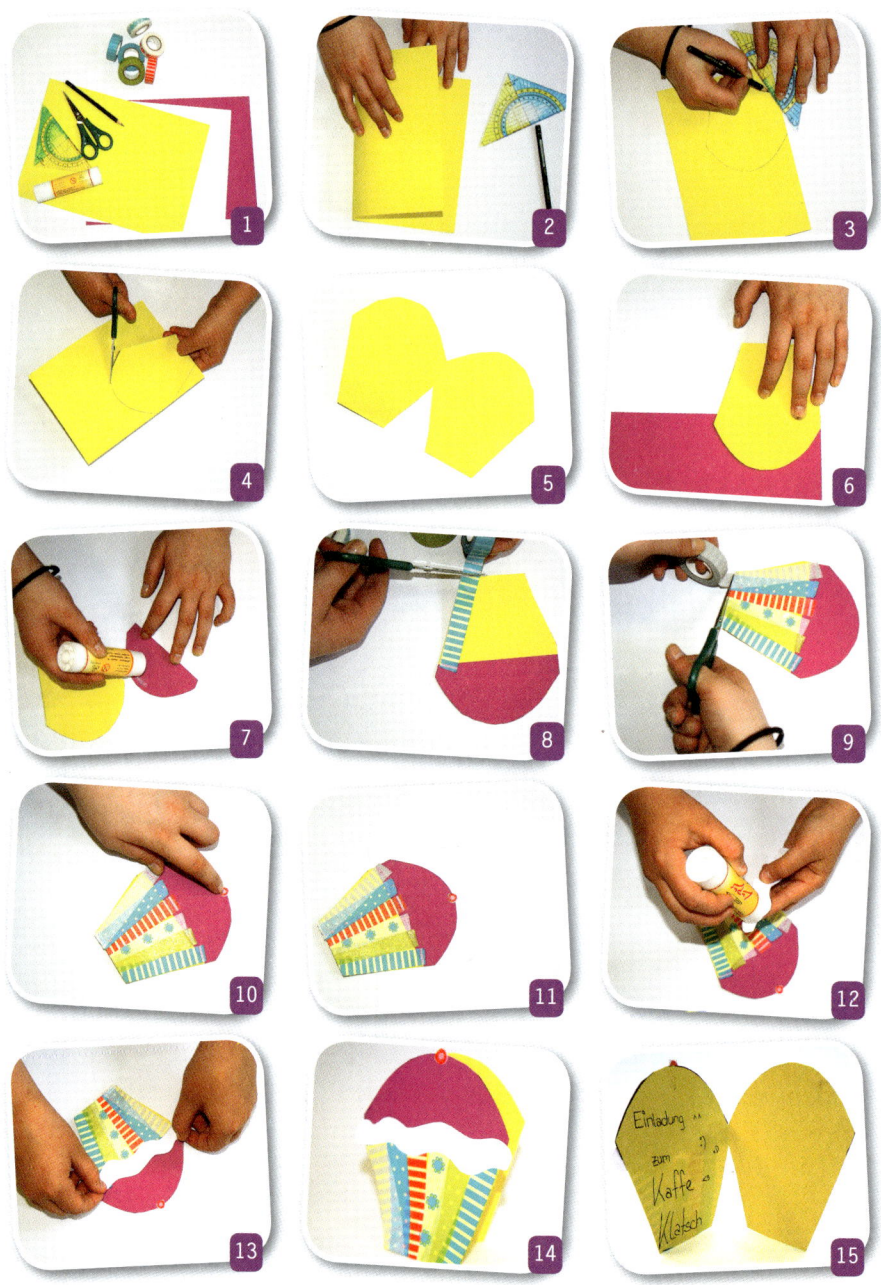

Cupcakes–Toppingvariationen:

Cremevariante

175 g weiche Butter
175 g Streuzucker (extrafein)
1 TL Vanilleextrakt oder
fein geriebene Zitronenschale
4 Eier, leicht geschlagen
175 g Mehl, gesiebt
1 TL Backpulver

Butter, Zucker und Vanille oder Zitronenschale verrühren. Eier und das gesiebte Mehl unterheben. 20 Minuten bei 160 °C Umluft backen.

Schmelzvariante

2 Eier
115 g Streuzucker (extrafein)
50 ml Schlagsahne
fein geriebene Schale einer Zitrone
115 g Mehl
½ TL Backpulver
50 g Butter, zerlassen

Eier, Zucker und Zitronenschale verrühren. Sahne schlagen und Mehl hinzufügen. 12–15 Minuten bei 160 °C Umluft backen.

Himbeer-Buttercreme

175 g weiche Butter
350 g Puderzucker, gesiebt
1 ½ EL Zitronensaft
1 ½ EL Himbeermarmelade
rote Lebensmittelfarbe

Butter mit Puderzucker glatt verrühren. Zitronensaft und Himbeermarmelade dazugeben und alles mit etwas roter Lebensmittelfarbe färben. Die fertige Creme in einen Spritzbeutel füllen und auf die Cupcakes kreisend aufspritzen.

Vanille-Buttercreme

75 g weiche Butter
175 g Puderzucker, zweifach gesiebt
½ Vanilleschote

Butter cremig schlagen. Puderzucker einrühren (keine Klümpchen). Vanillemark hinzufügen. Die fertige Creme in einen Spritzbeutel einfüllen und auf die Cupcakes kreisend aufspritzen.

Schokomuffins

Für 12 Portionen:
70 g Butter
2 Eier
130 g Zucker
1 Prise Salz
130 ml Milch
170 g Mehl
1 EL Backpulver
70 g Kakaopulver
Papier-Muffinförmchen

Tipp zu Muffins:
Den Muffinteig in Waffelbecher füllen und darin backen. Die findet man in der Kühltheke im Supermarkt. Oft werden sie auch als Eierlikör-Schnapsgläser verwendet. Dann bunt verzieren – ist mal was anderes!

Butter bei schwacher Hitze zerlassen. Eier in eine Schüssel geben und schaumig schlagen. Den Zucker, das Salz, die zerlassene Butter und die Milch hinzugeben. Alles gründlich miteinander verrühren. Den Backofen auf 200 °C vorheizen.
Mehl, Backpulver und Kakao in einer zweiten Schüssel gut vermischen und im Anschluss die trockene Mischung zu den feuchten Zutaten geben. Nur so lange verrühren, bis alle Zutaten gerade feucht sind. Den Teig in Papier-Muffin-Förmchen geben und auf ein Muffinblech setzen. Dann bei 160 °C Umluft etwa 25 Minuten backen.

Schnelle Schokomuffins

Für 12 Stück:
250 g Mehl
150 g Zucker
2 EL Kakaopulver
2 gestrichene TL Backpulver
½ TL Natron

200 g Schokolade (Schokotropfen)
250 ml Milch
90 ml Öl
1 Ei
12 Muffin-Förmchen

Mehl, Zucker, Kakaopulver, Backpulver, Natron und die Hälfte der Schokotropfen vermischen, dann Milch, Öl und das Ei hinzugeben und gut verrühren. Den Teig in die 12 Muffin-Förmchen geben und oben drauf die restlichen Schokotröpfchen verteilen.
Bei 150 °C Umluft 20 Minuten backen.

Tipp: am besten noch warm essen.

Bananen-Schoko-Muffins

200 g Mehl
2 TL Backpulver
½ TL Natron
¼ TL Zimt
3 EL Kakaopulver
1 Ei
150 g braunen Zucker

100 ml Öl (neutral)
100 g Buttermilch
3 mittelgroße reife Bananen
Papierförmchen
200 g Vollmilchkuvertüre
1 Pck. Smarties

Das Mehl in eine Schüssel sieben und mit Backpulver, Natron, Zimt und Kakaopulver vermischen. In einer weiteren Schüssel das Ei verquirlen. Den Zucker, das Öl und die Buttermilch hinzufügen und gut vermischen. Die Bananen schälen, mit einer Gabel zerdrücken, zur Masse geben und kurz unterrühren. Zuletzt die Mehlmischung hinzufügen und vorsichtig unterheben. Den Teig in die Papierförmchen füllen und bei 160 °C Umluft 20–25 Minuten backen. Danach ca. fünf Minuten auskühlen lassen. Die Muffins vom Blech nehmen und auf einem Kuchengitter abkühlen lassen.
Die Kuvertüre in Stücke hacken und in einer kleinen Schüssel im Wasserbad unter Rühren schmelzen. Die Muffins in die Kuvertüre tauchen, etwas antrocknen lassen und mit den Smarties dekorieren.

American Brownies

250 g weiche Butter	1 TL Backpulver
250 g braunen Zucker	½ TL Salz
4 Eier	50 g Kakaopulver
5 Tropfen Buttervanille-Aroma	125 g gehackte/geröstete Haselnüsse
200 g Mehl	125 g gehackte Schokolade

Ein großes Backblech mit Rand (30 mal 20 mal 5 Zentimeter) einfetten und mit Backpapier auslegen. Butter mit dem braunen Zucker schaumig schlagen. Nach und nach Eier und Vanillearoma unterrühren. Mehl, Backpulver, Salz und Kakao auf den Teig sieben und unterheben. Haselnüsse und Schokolade unterheben. Teig in das vorbereitete Blech füllen und im vorgeheizten Ofen bei 180 °C ca. 35 Minuten backen. Im Blech auskühlen lassen und erst dann in 16 Stücke schneiden.

Kirsch-Brownies mit weißem Schokogitter

Für ca. 30 Stück:	2 gehäufte TL Backpulver
2 Gläser Sauerkirschen	450 g Zucker
300 g Edelbitter-Schokolade	1 Pck. Vanillezucker
250 g Butter	1 Prise Salz
7 Eier	100 g weiße Schokolade
350 g Mehl	

Kirschen in einem Sieb abtropfen lassen. Dunkle Schokolade grob hacken. Mit der Butter in einem warmen Wasserbad schmelzen. Eier mit dem Schneebesen verquirlen. Mehl und Backpulver vermischen. Geschmolzene Schokolade in eine Rührschüssel geben. Zucker, Vanillezucker, Salz, Eier und Mehlmischung zugeben. Alles mit dem Schneebesen des Handrührgeräts zu einem glatten Teig verrühren.
Fettpfanne des Backofens (32 mal 39 Zentimeter) fetten und mit Mehl ausstäuben. Teig hineingeben und glatt streichen. Die Hälfte der Kirschen darauf verteilen. Im vorgeheizten Backofen (E-Herd: 175 °C/Umluft: 150 °C) 35-40 Minuten backen. Übrige Kirschen nach der Hälfte der Backzeit auf dem Kuchen verteilen und zu Ende backen. Dann auskühlen lassen. Weiße Schokolade hacken und in einem warmen Wasserbad schmelzen. Schokolade in einen Gefrierbeutel füllen, kleine Ecke abschneiden und Schokolade in Streifen auf den Kuchen spritzen. Zubereitungszeit ca. 1 Stunde.

Eistütenpops

Für den Teig:
115 g weiche Butter
115 g Streuzucker (extrafein)
2 Eier
115 g Mehl
1 TL Backpulver
1 TL Vanilleextrakt
12 Eiswaffeln mit flachem Boden

Für die Buttercreme:
300 g Puderzucker
65 g weiche Butter
ca. 3 EL Milch

Zum Verzieren und Servieren:
6 Schokoladenstäbchen und bunte Zuckerstreusel
12 Eisstiele

Butter, Eier und Zucker cremig schlagen. Vanilleextrakt dazugeben, dann Mehl und Backpulver vermischen und mit der cremigen Masse verrühren. Den Teig in einen Spritzbeutel geben und anschließend die Eiswaffeln bis zur Hälfte damit füllen. Den Backofen auf 170 °C (Ober- und Unterhitze) vorheizen. Die Eistüten auf ein Backblech setzen und ca. 20 Minuten im Ofen backen, anschließend herausnehmen und abkühlen lassen.

Während des Backvorgangs wird die Buttercreme für das Topping zubereitet: Puderzucker, Butter und Milch cremig rühren und dann in einen Spritzbeutel füllen. Die Buttercreme gleichmäßig auf die Eistüten spritzen. Mit Schokostäbchen und Zuckerstreuseln verzieren.

Grundrezept Biskuitteig für Obstkuchen

5 Eier
einige Tropfen Zitronensaft
125 g feinen Zucker
1 TL geriebene Zitronenschale oder Vanillezucker

125 g feines Mehl (davon kann die Hälfte bis ein Drittel Stärkemehl sein)
1 Msp. Backpulver
Backpapier

Eier trennen, kalt gestelltes Eiweiß zu sehr steifem Schnee schlagen, einige Tropfen Zitronensaft unterschlagen. Eischnee muss am Schluss schnittfest sein. Feinen Grießzucker löffelweise nach und nach unter Schlagen einrieseln lassen, kräftig weiterschlagen, bis der Schnee sehr steif, glänzend und wieder schnittfest ist.
Verquirltes Eigelb, geriebene Zitronenschale oder Vanillezucker sowie gesiebtes Mehl und Backpulver, evtl. mit Stärkemehl gemischt und gesiebt, rasch und leicht unterheben. Teig muss eine sehr lockere und gleichmäßige Beschaffenheit haben. Mehl nie unterrühren, da der Teig hierdurch seine lockere Beschaffenheit verlieren würde. Biskuitteig sofort auf ein mit Backpapier ausgelegtes Blech geben und in vorgeheizter Röhre bei 180–200 °C backen. Vor der Weiterbearbeitung auskühlen lassen.

Die Stäbchenprobe
Hilfreich bei der Ermittlung der idealen Backdauer ist die Stäbchenprobe. Dabei wird gegen Ende der vorgegebenen Backzeit ein Schaschlikspieß oder ein anderes Holzstäbchen vorsichtig durch das Gebäck gestochen und wieder herausgezogen. Wenn Teig daran klebt, muss weitergebacken werden, bleibt nichts hängen, ist das Gebäck durch.

Obstkuchen belegen

1 Glas Marmelade
1 Pck. Tortenguss
Obst (z. B. Erdbeeren, Mandarinen, Bananen usw.)
evtl. Sahne

Mit dem Grundrezept lassen sich alle möglichen Obstkuchen zubereiten. Es lassen sich damit auch leicht mehrere verschiedene Obstkuchen auf ein Blech zaubern. Einfach den Biskuitteig am Schluss mit Marmelade bestreichen und mit frischem Obst belegen. Den Tortenguss nach Packungsbeschreibung zubereiten und über das Obst löffeln.

Tipp: Besonders lecker sieht der Obstkuchen aus, wenn man ihn am Schluss noch mit Sahnehäubchen dekoriert.

Biskuitkuchen (hell oder dunkel)

Für den Teig:
6 Eier
200 g Zucker
100 g Mehl
100 g Speisestärke
25 g Vanille- oder Kakao-Puddingpulver
1 TL Backpulver
Lebensmittelfarbe

Für die Deko:
Marzipan, Schlagsahne usw.

Eier trennen und Eiweiß steif schlagen. Zucker einrieseln lassen, das Ganze zu einer glänzenden Masse rühren und danach das Eigelb unterrühren. Mehl, Speisestärke, Puddingpulver und Backpulver in einer Schüssel mischen, über die Eiermasse sieben und vorsichtig unterheben.
Den Teig mindestens zweimal teilen und einen oder mehrere Teile mit Lebensmittelfarbe färben. Die Teige in eine mit Backpapier ausgelegte Springform gießen und glatt streichen. In einem vorgeheizten Backofen bei 175 °C circa 30 Minuten backen. Den Kuchen abkühlen lassen, dann nach Belieben mit Marzipan, Schlagsahne usw. dekorieren.

Bananentorte

Für den Biskuitteig:
4 Eier
200 g Zucker
200 g Nüsse
2 EL Kartoffelmehl
1 EL Kakao

Für die Füllung:
4-6 Bananen
Zitronensaft
1 Pck. Vanillepudding
½ l Milch
6 Blatt Gelatine
2 Becher Sahne
1 Tafel Schokolade

Aus Zutaten Biskuitteig herstellen und backen (siehe auch Grundrezept).
Bananen halbieren und auf den Kuchen legen. Mit etwas Zitronensaft beträufeln. Pudding nach Päckchenanleitung mit Milch kochen, erkalten lassen und aufgelöste Gelatine unterrühren. Dann 1 ½ Becher steif geschlagene Sahne unterheben. Tortenring um den mit Bananen belegten Kuchen legen. Die Puddingmasse auf den Kuchen geben und eine Stunde im Kühlschrank kalt stellen. Schokolade in einem heißen Wasserbad schmelzen und mit der restlichen Sahne gut verrühren. Diese Schokoladenmasse auf den Bananenkuchen geben und nochmals einige Stunden kalt stellen.

Tipp: Schmeckt besonders fein, wenn der Kuchen einen Tag vorher zubereitet wird.

Labambaschnitten

Für den Biskuitteig:
(für ein Backblech)
6 Eier
150 g Zucker
150 g Mehl
1 Pck. Backpulver
Backpapier

Für den Belag:
1 l Orangensaft
3 Pck. Vanille-Puddingpulver
8 EL Zucker
3 Becher Sahne
3 Pck. Sahnesteif
etwas Kakao

Die Eier trennen. Aus dem Eiweiß Eischnee schlagen und den Zucker einrieseln lassen. Das Mehl sieben und mit dem Backpulver vorsichtig unterheben. Den Teig auf ein Backblech mit Backpapier verteilen. Backzeit: etwa 15 bis 20 Minuten bei 150 °C Heißluft.
Aus Orangensaft, Vanillepuddingpulver und Zucker einen Pudding kochen und auskühlen lassen. Den ausgekühlten Orangenpudding aufrühren und vorsichtig auf dem Biskuitteig verteilen. Die Sahne mit dem Sahnesteif steif schlagen und auf dem Pudding verteilen. Am Schluss mit Kakao bestäuben.

Floridatorte

5 Eier
250 g Zucker
250 g Butter
oder Margarine
1 Pck. Vanillinzucker
250 g Mehl
6 g Backpulver
(2 gestrichene TL)
500 g Quark
50 g Zucker

3 EL Zitronensaft
500 ml Sahne
2 Pck. Sahnesteif
4 EL Gelee
(am besten aus Johannisbeeren)
1 Pck. gehackte Pistazien
oder abgezogene Mandeln
2 TL Kakaopulver
Puderzucker

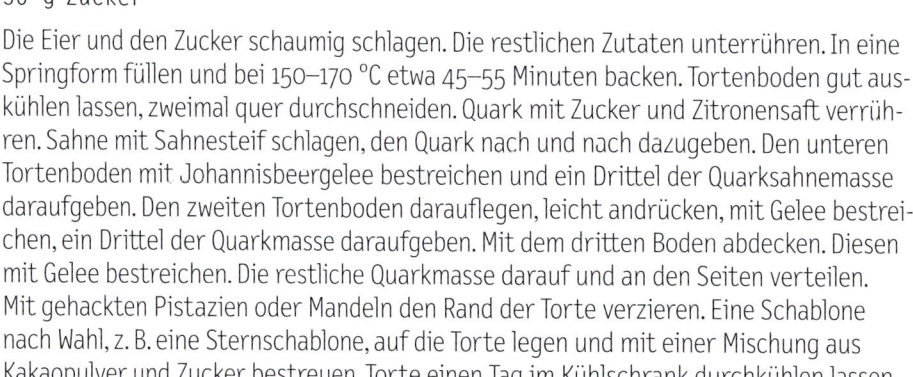

Die Eier und den Zucker schaumig schlagen. Die restlichen Zutaten unterrühren. In eine Springform füllen und bei 150–170 °C etwa 45–55 Minuten backen. Tortenboden gut auskühlen lassen, zweimal quer durchschneiden. Quark mit Zucker und Zitronensaft verrühren. Sahne mit Sahnesteif schlagen, den Quark nach und nach dazugeben. Den unteren Tortenboden mit Johannisbeergelee bestreichen und ein Drittel der Quarksahnemasse daraufgeben. Den zweiten Tortenboden darauflegen, leicht andrücken, mit Gelee bestreichen, ein Drittel der Quarkmasse daraufgeben. Mit dem dritten Boden abdecken. Diesen mit Gelee bestreichen. Die restliche Quarkmasse darauf und an den Seiten verteilen. Mit gehackten Pistazien oder Mandeln den Rand der Torte verzieren. Eine Schablone nach Wahl, z. B. eine Sternschablone, auf die Torte legen und mit einer Mischung aus Kakaopulver und Zucker bestreuen. Torte einen Tag im Kühlschrank durchkühlen lassen.

Walnuss-Buttercreme-Torte

Für den Mürbteig:
250 g Mehl
3 gestrichene TL Backpulver
65 g Zucker
1 Prise Salz
1 Ei
125 g Butter
etwas Buttervanille und Bittermandelaroma nach Geschmack

Für die Buttercreme:
½ Pck. Vanille-Puddingpulver
250 ml Milch
70 g Butter
25 g Kokosfett
50 g Zucker
1 Prise Salz

Für den Belag:
50 g Butter
200 g grob gehackte Walnusskerne
3-4 EL Zucker
50 g Zartbitterkuvertüre

Aus Mehl, Backpulver, Zucker, Salz, Ei, Butter, Buttervanille und Mandelaroma einen Mürbteig herstellen und etwa eine Stunde ruhen lassen. Dann den Teig ausrollen und in einer Kuchenform (28 Zentimeter Durchmesser) bei 180 °C Heißluft 15 bis 18 Minuten backen und auskühlen lassen.
Für die Buttercreme einen Pudding herstellen, Fett, Zucker, Salz schaumig rühren und löffelweise erkalteten Pudding zur Buttercreme rühren. Creme auf kalten Mürbteigboden streichen.
Für den Belag Butter in einer Pfanne schmelzen, die gehackten Walnusskerne darin rösten und mit 3-4 EL Zucker karamellisieren und auskühlen lassen.
Die Walnüsse auf der Creme verteilen. Zartbitterkuvertüre in einem Wasserbad auflösen und damit Gitterlinien über die Torte spritzen und mit Sahne verzieren. Torte danach vor dem Servieren 3–4 Stunden kühl stellen oder schon einen Tag vorher zubereiten.

Schokoladentorte

5 Eier
125 g Zucker
200 g gemahlene Haselnüsse
3 große Bananen

2 Tafeln gute Vollmilchschokolade
2 Becher Sahne
evtl. etwas Kakaopulver

Eier trennen. Die 5 Eigelb, den Zucker und die gemahlenen Haselnüsse gut vermischen. Danach die 5 Eiweiß steif schlagen und unter den restlichen Teig heben. Den Teig in eine Springform geben und bei 200 °C ca. 20 bis 30 Minuten backen.
Die Bananen in Scheiben schneiden und auf den erkalteten Tortenboden geben. Die Schokolode zusammen mit einem halben Becher Sahne zum Schmelzen bringen und danach über die Bananenscheiben gießen. Die ganze Torte nun über Nacht in den Kühlschrank stellen. Den Kuchen am nächsten Tag aus der Form lösen. Die restliche Sahne steif schlagen und auf der Torte verteilen. Eventuell mit Kakaopulver dekorieren.

Schneeflocken- torte

200 g Spekulatius
100 g Butter
12 Blatt Gelatine
(wahlweise gemahlene Gelatine)
1 kg Quark
200 g Zucker
500 g Frischkäse

1 Zitrone
1 Vanilleschote
3 Becher Sahne
4 Stück Baiser
Zimt oder Kakaopulver

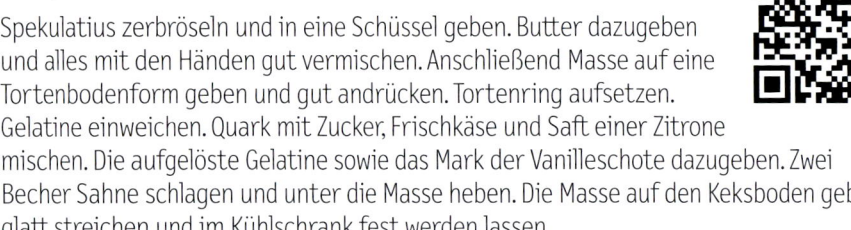

Spekulatius zerbröseln und in eine Schüssel geben. Butter dazugeben und alles mit den Händen gut vermischen. Anschließend Masse auf eine Tortenbodenform geben und gut andrücken. Tortenring aufsetzen.
Gelatine einweichen. Quark mit Zucker, Frischkäse und Saft einer Zitrone mischen. Die aufgelöste Gelatine sowie das Mark der Vanilleschote dazugeben. Zwei Becher Sahne schlagen und unter die Masse heben. Die Masse auf den Keksboden geben, glatt streichen und im Kühlschrank fest werden lassen.
Vor dem Servieren den letzten Becher Sahne schlagen und die Torte damit einstreichen. Jetzt die Baiserstücke zerbröseln und wie Schneeflocken auf die Torte streuen. Je nach Geschmack mit Zimt oder Kakao einpudern.

Apfelstrudel

Für den Teig:
250 g Mehl
1 Ei
20 g Butter
1 Prise Salz
ca ½ kleine Tasse lauwarme Milch (nach Bedarf)

Für die Füllung:
3-5 Äpfel
ca. 1 TL Zimt
ca. 1 EL Zucker (vorzugsweise braunen Zucker)

Für den Belag:
1 Becher Sahne
1 Ei
1 Pck. Vanillezucker
Vanillesoße

Mehl, Ei, Butter, Salz und lauwarme Milch zu einem Teig vermengen und so lange kneten, bis dieser elastisch ist. Den Teig dann in eine warme Schüssel geben und etwa 20 Minuten stehen lassen. Als nächstes die Äpfel schälen, klein schneiden und dann mit Zucker und Zimt vermischen.
Den Teig auf einem Geschirrtuch oder einer Dauerbackfolie dünn ausrollen.
Die Äpfel auf dem Teig gleichmäßig verteilen und dann den Strudel aufrollen.
Den Strudel in eine gefettete Form geben und zugedeckt bei 180 °C Heißluft ca. 40 Minuten backen. Dann abdecken und die Masse aus Sahne, Ei und Vanillezucker gleichmäßig darübergießen. Den Strudel noch 20 Minuten fertig backen und warm mit Vanillesoße servieren.

Kiwi-Apfel-Cocktail	152	Heiße Liebe	156
Fitness-Shake	152	Sunny Beach	156
Banane-Kiwi-Smoothie	153	The Beach	157
Ingwer-Smoothie	153	Energizer	157
Mango-Lassi	154	Beerenschale	157
MaKi	154	Koko-Schoko	158
Frühstücks-Joghurt-Drink	155	Moonlight	159
Ice-Cream-Soda-Longdrink	155	Schneeweißchen	159
Icepeach	155	Leo	159
Sommermix	156	Aperitif „Veneziano"	159

Kiwi-Apfel-Cocktail

1 reife Kiwi
1 TL Honig
150 ml trüben Apfelsaft
100-150 ml Zitronenlimonade
Kiwi- und Apfelscheiben zum Garnieren
Strohhalm

Kiwi schälen. Fruchtfleisch mit Honig und Apfelsaft pürieren und in ein Longdrinkglas geben. Mit gekühlter Zitronenlimonade aufgießen und mit Kiwi- und Apfelscheiben garnieren. Mit einem Strohhalm servieren.

Fitness-Shake

1000 g Joghurt (1,5 % Fettanteil)
600 g Erdbeeren
4 Bananen (mittelgroß)
4 EL Honig
200 g Müsli oder Haferflocken
200 g Magerquark
200 ml Milch

Alles im Mixer pürieren oder in ein ausreichend hohes Gefäß füllen und mit dem Stabmixer gut mixen. Kalt servieren.

Tipp: ein echt easy Rezept. Die Zubereitung des Shakes dauert nur fünf Minuten.

Banane-Kiwi-Smoothie

1 Banane
1 Kiwi
½ Liter Orangensaft
½ TL Honig

Die Banane und die Kiwi in große Stücke schneiden und mit einem Pürierstab zerkleinern, dann mit Orangensaft auffüllen. Nach Belieben mit Honig süßen.

Ingwer-Smoothie

½ l Maracujasaft
1 Zitrone
1 gehäufter TL Honig
1 EL frischen, geriebenen Ingwer
1 Banane
½ Apfel

Die Zitrone auspressen. Den Apfel und die Banane klein schneiden. Die Früchte mit Maracujasaft, Zitronensaft, Honig und Ingwer vermischen. Alles mit dem Mixstab pürieren und auf zwei Gläser verteilen.

Smoothies (engl.: smooth = „fein, gleichmäßig, cremig") Smoothies gibt es in vielen Variationen, sie bestehen oft nur aus Frucht, bei den „grünen Smoothies" werden zum Obst auch Blattgemüse oder Garten- und Wildkräuter verwendet.

Mango☼-Lassi

1 Mango
200 ml Buttermilch
6 Eiswürfel
gemahlenen Kardamom
Nelkenpulver
3 EL braunen Rohrzucker
etwas Rosenwasser
500 ml Joghurt

Das Mangofruchtfleisch mit Buttermilch und 6 Eiswürfeln pürieren. Mit Kardamom, Nelkenpulver, Zucker und Rosenwasser würzen, den Joghurt dazugeben und alles glatt pürieren.

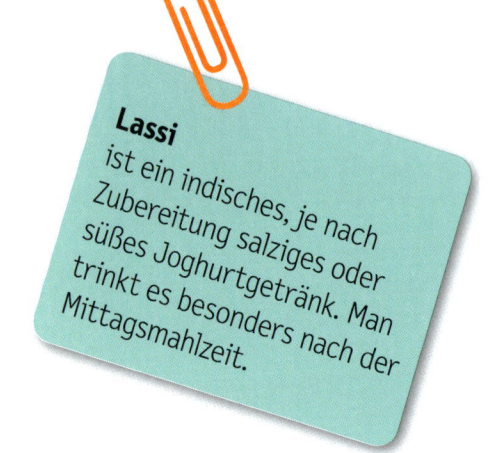

Lassi ist ein indisches, je nach Zubereitung salziges oder süßes Joghurtgetränk. Man trinkt es besonders nach der Mittagsmahlzeit.

MaKi

1 Mango
2 Kiwis
1 Honigmelone
Limettensaft

Die in Stücke geschnittenen Früchte in den elektrischen Mixer geben und alles durchmischen. Zum Schluss den Limettensaft nach Belieben hinzufügen.

Frühstücks-Joghurt-Drink

2 Orangen
1 Banane
1 kleinen Becher Joghurt
1 EL Honig

Orangen auspressen. Orangensaft, Banane, Joghurt und Honig mit dem Pürierstab aufschlagen.

Ice-Cream-Soda-Longdrink

50 ml schwarzen Johannisbeersaft (oder Apfelsine/Aprikose)
100 g gemischtes Obst aus der Dose
2-3 Kugeln Vanilleeis
Zitronenlimonade

Auf den Boden des Glases das Obst, darauf das Eis, darauf den Saft, darauf das Zitronenlimo. Dann vorsichtig umrühren und servieren.

Icepeach

125 ml Vanilleeis
125 ml Pfirsichsaft
50 ml Sahne

Eis und Saft mixen, Sahne dazugeben und alles kurz im Mixer oder mit dem Pürierstab aufschäumen.

Cocktailrezepte für jeweils zwei Personen:

Sommermix

40 ml Limettensaft
40 ml Himbeersirup
6 Eiswürfel, einige Himbeeren
Mineralwasser zum Auffüllen

Saft und Sirup in einem mit Eiswürfeln befüllten Glas verrühren, mit Mineralwasser auffüllen und umrühren. Die Himbeeren ins Glas geben und den Drink mit Löffel und Trinkhalm servieren.

Sunny Beach

1 große Banane
300 g Ananas (aus der Dose)
400 ml Milch
Crushed Ice

Die klein geschnittene Banane und die Ananas mit einem elektrischen Mixer pürieren. Crushed Ice und die Milch dazugeben und nochmals kurz durchmixen.

Tipp: Auf einen Spieß abwechselnd Ananas- und Bananenstücke stecken und als Garnierung über den Glasrand legen.

Heiße Liebe

1 Banane
200 ml Maracujasaft
200 ml Orangensaft
2 EL Haferflocken
Sesam zum Garnieren

Alle Zutaten (bis auf den Sesam) in einen elektrischen Mixer geben und gut durchmischen. Zum Schluss den Sesam als Garnierung darüberstreuen.

Tipp: Ein Herz aus rotem Tonpapier ausschneiden, zwei Schlitze anbringen und zwei Trinkhalme durchstecken.

The Beach

200 g Ananasstücke
½ Mango
125 ml Kokosmilch
125 ml Ananassaft
2 TL Kokosflocken

Alle Zutaten in einen elektrischen Mixer geben und alles gut durchmixen.
Tipp: Vor dem Befüllen des Glases den Glasrand anfeuchten und in Kokosraspel tauchen – sieht gut aus und schmeckt lecker.

Cocktail
Das Wort Cocktail stammt aus dem angelsächsischen Sprachraum und ist etwa seit 1800 in Verwendung. Es bezeichnet ein alkoholisches Mischgetränk, das gerührt, geschüttelt oder gemixt wird.

Energizer

2 Papayas oder Papayasaft
200 ml Orangensaft
2 TL Weizenkeimöl
2 EL Mandelmus

Die Kerne aus der Papaya entfernen und sie in Stücke schneiden. Diese werden zusammen mit dem Orangensaft, dem Weizenkeimöl und dem Mandelmus in einem elektrischen Mixer püriert.

Beerenschale

250 g gemischte Beerenschale
1 Vanillejoghurt
300 ml Milch
einige Blätter Zitronenmelisse

Die Beeren zusammen mit dem Joghurt, der Milch und den Zitronenmelisseblättern in einen elektrischen Mixer geben und alles gut durchmischen. In ein Glas schütten und nach Belieben einige Beeren auf dem Drink verteilen.

Koko-Schoko

60 ml Creme of Coconut
60 ml Schokoladensirup
150 ml Sahne
150 ml Milch
6 Eiswürfel

Alle Zutaten im Shaker durchmixen und in ein mit Eiswürfeln befülltes Glas geben.

Tipp: Den Drink statt in einem Glas in einer Kokosnussschale servieren.

Kokosnuss Deutschland
Klappernoot Niederlande
Goggersnuss Franken
Kokosnöt Schweden
Hindistan cevisi Türkei
Noce di Cocco Italien

Moonlight

50 ml Mandelsirup
50 ml Sahne
250 ml Orangensaft
40 ml Maracujasaft
6 Eiswürfel
Orangenscheiben zum Garnieren

Alle Zutaten im Shaker kräftig durchmixen und in ein mit Eiswürfel befülltes Glas geben. Die Orangenscheiben als Deko an den Glasrand stecken.

Schneeweißchen

100 ml Kokossirup
50 ml Sahne
400 ml Ananassaft
6 Eiswürfel

Alle Zutaten im Shaker kräftig durchmixen und in ein mit Eiswürfel gefülltes Glas geben.

Leo

125 ml Roséwein
125 ml Mineralwasser
1 Schnapsglas Sirup (Holunderblütensirup)
3 Eiswürfel
1 Scheibe Zitrone

Die Eiswürfel und die Zitronenscheibe in ein Weinglas geben. Roséwein und Holunderblütensirup zugeben und alles mit Mineralwasser auffüllen.

Aperitif „Veneziano"

2 Schnapsgläser Likör (Aperol)
1 Glas Prosecco
½ Orangenscheibe
8 Eiswürfel

Die Eiswürfel in ein großes Weinglas geben, dann mit einem Sektglas Prosecco auffüllen. Den Aperol dazugeben und die halbe Orangenschale an den Glasrand stecken. Mit einem Strohhalm servieren.

Mal ehrlich: Hätten Sie's erkannt?

Die ganze Lobkowitz-Schulfamilie formierte sich zum Abschluss der Arbeiten für das Kochbuch auf dem Sportplatz zu Löffel und Gabel. Die äußerst ungewöhnliche Disziplin "Geradestehen für das Kochbuchfoto" brachte Konrektorin Irene Sebald und ihre Mitstreiterinnen und Mitstreiter ganz schön ins Schwitzen. Vor allem die Schüler, die für die Zacken der Gabel ausgewählt worden waren, zeigten immer wieder Formschwäche. Aber mit Hilfe von Megafon und Lautsprechern stand schließlich irgendwann doch jeder an dem ihm zugedachten Ort. Der Aufmarsch war übrigens generalstabsmäßig fächerübergreifend vorbereitet worden. Sogar die Mathematiker waren eingebunden. Sie rechneten die Winkel der sich kreuzenden Küchengeräte aus.

A

Abgehackte Finger	62
Amarena-Cupcakes	139
American Brownies	144
American Chicken-Nuggets	115
Aperitif „Veneziano"	159
Apfelkuchen	130
Apfelpfannkuchen	96
Apfelstrudel	150
Asiatische Marinade	57
Augäpfel	62

B

Baconburger	50
Baguette	58
Banane-Kiwi-Smoothie	153
Bananen-Schoko-Muffins	143
Bananentorte	147
Barbecuespieße	52
Bayrisch-Burger	48
Bayrischer Obazda	37
Beerenschale	157
Bienenstich mal anders	130
Biergläser	68
Birne mit Camembert	78
Birne-Radicchio-Toast	78
Biskuitkuchen	147
Blätterteiggebäck	15
Blätterteigschnecken	137
Blauschimmelmuffins mit Pinienkernen	71
Blickfang einer jeden Tafel	28
Brodelnde Hexensuppe	63
Brokkoli-Cremesuppe	17
Brokkoli-Lachs-Quiche	71
Brotaufstrich	35
Burgerdotsch	107
Burgermuffins	49
Buttermilchmousse	122
Butterplätzchen	13

C

Camembert	78
Canneloni	85
Cevapcici	102
Cheeseburger	47
Chili con Carne	105
Chilisuppe	17
Chocolate-Chip-Cupcakes	139
Couscous	106
Crêpes	124
Cupcake-Einladungskarte	140
Cupcakes-Toppingvariationen	141
Curry-Geschnetzeltes	116

D

Dänische Lachsspieße	55
Dänischer Nudelsalat	111
Deutschland-Obstkuchen	72
Dinkelbrot	34
Dip-Dreierlei für Gemüse	36
Draculas Lieblingsdrink	62

E

Eieraufstrich	58
Eierlikörkuchen	133
Eiersalat	27
Eierstich	13
Einfacher Zitronenkuchen	129
Einladung zur Fußballparty	70
Einlagen für Suppen	13
Eistütenpops	145
Elf-Tassen-Kuchen	131
Emils Ekelpudding	63
Energizer	157
Erdäpflauflauf	109
Erdbeertiramisu	119

F

Falafel – Veggie-Fleischpflanzerln	98
Feuriges Kürbis-Chili	64
Fitness-Shake	152
Fleischbrühe	12
Floridatorte	148
French Dressing	32
Frischkäsedip	37
Frischkäsehörnchen	42
Fruchtiger Spargelsalat	25
Frühstücks-Joghurt-Drink	155
Fußball-Pizza	73

G

Gebrannte Mandeln	74
Gefüllte Paprika	103
Gemischter Salat	23
Gemüsebrühe	15
Gemüsedotsch „Ratz-Fatz"	92
Gemüselasagne	93
Gemüsesuppe mit Pesto	18
Gestürzte Vanillecreme mit Himbeersoße	122
Gewürze	8
Goldiger Käsekuchen	132
Grillmarinade	56
Grillmarinade für Fleisch & Gemüse	56
Grillmarinaden	56
Grissini	42
Biskuitteig für Obstkuchen	146
Grundrezept Salatsoße	23
Grundrezept Hefeteig	101
Guglhupf	128
Gulaschsuppe	16
Gurkenraita	37
Gyrosauflauf	104
Gyrossuppe	104

H

Hähnchen-Reis-Pfanne	112
Halloween-Bowle	64
Hamburger	46
Hand der weißen Frau	62
Hawaiitoast	80
Heiße Liebe	156
Himbeer-Buttercreme	141
Himbeer-Sahne-Baiser	122
Himbeertiramisu	118
Hotdogschlangen	65

I

Ice-Cream-Soda-Longdrink	155
Icepeach	155
Indonesische Bihunsuppe	116
Ingwer-Smoothie	153
Israelkuchen	124

J

Jojos Nudelauflauf	113

K

Karottensalat	27
Kartoffel-Cordon-Bleu	109
Kartoffel-Gnocchiteig	108
Kartoffellebkuchen	137
Kartoffelmäuse	66
Kartoffelpizza	107
Kartoffelsalat	22
Kartoffelsuppe	16
Käseküchlein mit Pfiff	132
Käserolle	39
Käsespätzle	110
Käse-Trauben-Spieße	79
Kirsch-Brownies mit weißem Schokogitter	144
Kirschmichl	126
Kiwi-Apfel-Cocktail	152
Knoblauchbrot	58
Koko-Schoko	158
Kräuterfädle	13
Kürbiskerndressing	31
Kürbissuppe	14
Kürbissuppe mit Topfennockerln	97

L

Labambaschnitten	148
Lachs-Spinat-Rolle	44
Lasagne mit Gemüse	86

Lauchbaguette	77
Leo	159
Linsensalat	97

M
Macadamia-Rucola-Pesto	84
Maccheroni à la Bolognese	83
Maispfanne	105
Maissalat	26
MaKi	154
Malacovtorte	124
Mango-Lassi	154
Marinade „American Dream"	57
Meerrettich-Dressing	32
Meerrettich-Preiselbeer-Schmand	55
Milchreis	96
Monsteraugen	65
Moonlight	159
Mousse au Chocolat	120
Mozzarellaspieße mit Dip	38

N
Nougatplätzchen	134
Nudelauflauf	85, 113
Nudeln in Tomatensoße	87
Nudelsalat	30
Nudelschnecken am Spieß	88
Nudelteig	84
Nussecken	136

O
Obstkuchen belegen	146
Obstsalat	121
Old-Western-Salat	26
Öle	114
Omas Butterplätzchen mit Zitronenguss	138

P
Panna cotta mit Himbeersoße	119
Paprika-Aufstrich	37
Parmesanknödelchen	13
Parmesan-Schnitzel	111
Parmesansterne mit Tomaten und Oliven	39
Pasta de 'Lira	84
Penne all'arrabbiata	86
Penne im Schinken-Käse-Bett	88
Pestokranz	100
Pfannkuchen mit Quark-Bananen-Füllung	125
Pfannkuchenröllchen	76
Pikante Pizzataschen	43
Pita	59
Pizza-Auflauf „Avanti"	43
Pizza-Grundrezept	101
Pizzapastete	43
Pizzasemmeln	73
Powertoast	79
Prominente Köche	40
Putenbrustspieße	53

Q
Quark-Joghurt-Creme mit Früchten	121

R
Reisfleisch	112
Riwanzerln (böhmische Liwanzen)	96
Rotweinmarinade	57
Rumschnitten	135
Russische Eier mit Lachs	115

S
Salatdressing	32
Salat mit Biss	24
Salatöle	20
Salattorte	24
Salbeinudeln	85
Salsa-Nachos	75
Saltimboccaspieße	53
Sandwichspieße	74
Schafskäsetaschen	45
Schaschliktopf	76
Schichtdessert mit Joghurt-Creme	121
Schmelzvariante	141
Schneebälle	136
Schneeflockentorte	150
Schneeweißchen	159
Schokogespenster	67
Schokohäuflein (Crossies)	134
Schokokuchen	128
Schokoladentorte	149
Schokomuffins	142
Schupfnudeln mit Salbei und Salami	108
Schwarzbeer-Buttermilch-Pie	123
Schwarz-Rot-Gold-Spieße	77
Schweizer Käsesalat	111
Sellerieschnitzel	91
Senf-Honig-Vinaigrette	31
Senf-Tomaten-Dip	36
Sommermix	156
Spaghetti Aglio Olio	82
Spaghetti Bolognese	83
Spaghetti Carbonara	82
Spätzle	110
Spätzlepfanne	110
Spinat blanchieren	94
Spinat-Käse-Knödel	95
Spinnennetztorte	67
Spongebob-Burger	50
Stäbchenprobe	146
Steinofenbrot	59
Stockbrotteig	59
Strammer Lax	44
Sunny Beach	156
Surf-'n'-Turf-Spieße	55

T
Teufelsfleisch	115
The Beach	157
Thunfischwrap	77
Tipps für einen schönen Grillabend	54
Tisch decken	10
Tiramisu	118
Tiramisukugeln	135
Tofu-Spaghetti	92
Tomatenkörbchen	45
Tomatenreis auf portugiesische Art	113
Tomatensuppe	17
Tortellinisalat	30
Tortillaschnecken	44
Traubentoast	79
Tsatsiki	103
Tutti-Frutti-Kuchen	129

U
Überbackener Gyrosauflauf	104
Überbackenes Lauchbaguette	77

V
Vanille-Buttercreme	141
Vanillequark mit Erdbeeren	120
Veggiebolognese	93
Veggieburger	50
Veggiechili	90
Versunkener Apfelkuchen	130
Vollkorntoast mit Putenbrust	78

W
Walnuss-Buttercreme-Torte	149
Westernburger	49
Weingläser	69
Wiener Kaiserschmarrn	125
Wiener Kaiserschöberl	13
Würzkartoffeln mit Dip	91

Z
Zucchini-Champignon-Karotten-Gemüse	90
Zucchini-Schiffchen	102
Zucchinisuppe mit Blätterteig-Kleingebäck	15
Zwiebelkuchen	60
Zwiebeln schneiden	60
Zwiebeltoast	80

„Wir sind ein starkes Team"...

... so kurz und prägnant lautet das Leitbild der Lobkowitz-Realschule Neustadt. Und in der Tat, am Ende unserer Kochbuch-Projektarbeit erfüllt uns dieses Motto mit großer Dankbarkeit und auch Stolz. So haben wir in den letzten Monaten beim Planen, Rezepte-Sammeln, Kochen, Basteln, Backen etc. gespürt, dass diese Philosophie bei uns tatsächlich gelebt wird. Ja, wir sind ein starkes Team! Denn die ganze Schulfamilie hat angepackt und war in dieses großartige Projekt eingebunden. Schülerinnen und Schüler, Eltern, Lehrkräfte, nichtlehrendes Personal und die Schulleitung – alle steuerten ihre Lieblingsrezepte bei. Am Ende mussten wir sogar, dank des herausragenden Engagements, eine Auswahl treffen, um den Rahmen des Buches nicht zu sprengen. Herzlichen Dank dafür! Sehr viel Energie, Arbeit und Ideenreichtum investierte die Klasse 9 b (Schuljahr 2013/14), die zusammen mit ihrer Deutschlehrkraft, Studienrätin Martina Arbeiter, ihre Projektpräsentation ganz dem Kochbuch gewidmet hat. Zusammen mit ihrer Lehrerin für Haushalt und Ernährung, Studienrätin Ulrike Niemetz, plante diese Klasse ferner das „Promikochen", zu dem unsere Kooperationspartner aus der Wirtschaft eingeladen waren: Vertreter der Firmen Seltmann (Gerold B. Welz) und F. X. Nachtmann Bleikristallwerke (Hubert Landgraf) sowie der Volksbank Nordoberpfalz (Sandra Meierhöfer und Bertram Erhardt). Auch Elternbeirätin Angela Meiler und Bürgermeister Rupert Troppmann testeten begeistert unsere Rezepte. Selbst die beiden „Gastro-Kritikerinnen" Astrid Kriechenbauer und Sabine Gargio waren voll des Lobes. Außerdem standen unsere eifrigen Schüler fürs Show-Kochen zur Verfügung und drehten Filme zur visuellen Anleitung bei kniffligeren Kochvorgängen. Unterstützt wurde unser Nachwuchs-Kamerateam von Studienrat Alexander Frey, der den Schülern nachmittags „Video-Tutorials" anbot, in denen die Filme professionell geschnitten wurden und als Link per

QR-Code ins Kochbuch aufgenommen wurden. Herzlichen Dank auch an Studienrat Johannes Paetzolt, der für eine erfolgreiche Verlinkung mit unserer Homepage sorgt und stundenlang Korrektur gelesen hat. Dem Thema „originelle Ideen für die gelungene Tischdekoration und witzige Einladungen" widmeten sich Studienrätin Christine Ellert und ihre Künstlerklasse 6 c (Schuljahr 2013/14). Christine Ellert und Alexander Frey organisierten übrigens auch das quirlige Motiv-Foto „Löffel und Gabel", auf dem über 700 Schülerinnen und Schüler posierten. Selbst im Schuljahr 2014/15 riss das Engagement unserer Schüler und Lehrkräfte noch lange nicht ab, und so kochte die Klasse 9 d zusammen mit ihrer Fachlehrerin für Haushalt und Ernährung, Margarete Appl, spontan noch einige Rezepte aus unserem Kuchbuch für ein Fotoshooting nach.

„Ohne Moos nix los!" – dass uns das „Moos" nicht ausgegangen ist, dafür gilt besonderer Dank den beiden Studienräten Philipp Siegert und Michael Bertelshofer, die sich mit viel Engagement um das finanzielle Kapitel unseres Kochbuches gekümmert haben.

Last but not least: Auch ideelle Unterstützung, Motivation und Beratung sind bei solch einem Projekt enorm wichtig, weshalb wir dem Landkreis Neustadt a. d. Waldnaab mit seinem Landrat Andreas Meier an der Spitze, der Stadt Neustadt a. d. Waldnaab mit Bürgermeister Rupert Troppmann, unserem Förderverein mit Vorsitzendem Alfons Hallmann, dem Buch & Kunstverlag Oberpfalz mit Verlagsleiter Wolfgang Benkhardt sowie unserem Realschuldirektor Johannes Koller und unserem Konrektor Wolfgang Mühlbauer danken wollen. Auch Renate Schönberger, unserer Elternbeiratsvorsitzenden, gilt großer Dank für ihre Unterstützung. Unermüdlich entlockte sie den Eltern die besten Rezepte. Herzliches Vergelt's Gott dafür!

Besonders hervorheben müssen wir auch noch die Schüler der Künstlerklasse 6 c Anna Kaltwasser, Angelika Engel, Christina Walberer, Eva Pohl, Antonia Kick, Lara Fütterer, Lilly Imhof, Samira Henschel, Marie Adam, Anne Ruckdäschel, Chiara Härtl, Mirijam Fischer und Lisa Häupl, unsere Koch-Crew aus der 9 b (jeweils Schuljahr 2013/14) mit Jasmin Götz, Julia Greger, Elena Harwardt, Laura Hörl, Lukas Köchert, Carmen Lang, Lea Schaad, Hanna Scharnagl, Barbara Schmid, Verena Schneeberger und Selina Zahn sowie unseren Kameramann Alexander Pamler; außerdem ein herzliches Vergelt's Gott an Lea Walbert (8 b), welche die Aktion mit ihren wunderschönen selbst gezeichneten Koch-Cartoons unterstützt hat. Ohne sie alle wäre dieses Buch so nicht zustandegekommen.

Ulrike Niemetz und Irene Sebald

Markusine Guthjahrs „grüne Küche"

Markusine Guthjahr, versierte und erfahrene Autorin und Landfrauenberaterin aus Königstein in der bayerischen „Franken-Pfalz" liebt es, mit verschiedenen Pflanzen, Früchten und Blüten der jeweiligen Jahreszeit zu experimentieren. Und sie mag vitamin- und nährstoffreiche Kost, die zusammen mit alten Hausmitteln manch einen Gang zum Arzt oder Apotheker überflüssig macht.

In diesem Buch spannt die gefragte Referentin und Kräuterexpertin den Bogen von der frischen, entschlackenden Würze der ersten Frühlings-Wildkräutersuppen über süße sommerliche Beeren- und Rosenrezepte bis hin zu raffinierten Wurzelgemüse-Gerichten für die kalte Jahreszeit. Viele ihrer gesunden Zutaten, darunter Brennnessel, Giersch, Holunder und Bärlauch, wachsen in der freien Natur, die selbst im Winter noch wilden Schnittlauch liefert. Und wenn draußen wirklich gar nichts mehr zu ernten ist, bereichern Vitamine von der Fensterbank den Speiseplan von Markusine Guthjahr.

Ein ungewöhnliches Kochbuch, garniert mit vielen Tipps und Hintergrundinformationen über die Kräuter und Früchte aus Garten und Natur.

Format 17 x 24 cm · 168 Seiten · Durchgängig farbig illustriert · Hardcover · Fadenheftung
ISBN 978-3-95587-010-2 · 19,95 Euro

Erhältlich im Buchhandel und direkt beim Buch & Kunstverlag Oberpfalz, Mühlgasse 2, 92224 Amberg, Telefon 0 96 21/3 06-195, Fax 0 96 21/3 06-197, www.buch-und-kunstverlag.de

Was wäre die Oberpfalz ohne ihre Kartoffelgerichte?

Ohne Spouzn, Dotsch, Schoppala und Bratkartoffel? Von der Erdäpflsuppn ganz zu schweigen. Aus der einstigen Arme-Leute-Kost ist längst eine vielfältig einsetzbare Knolle geworden, die selbst verwöhnte Gaumen in Verzückung bringt. Natürlich wachsen Kartoffeln nicht nur in der Oberpfalz, aber in kaum einer anderen Region gibt es so viele, so ungewöhnliche und so abwechslungsreiche Rezepte. Das witzig illustrierte Kochbuch, in dem Kartoffelfans aus der ganzen Oberpfalz ihre Lieblingsrezepte verraten, lädt zu einer kulinarischen Entdeckungsreise ein, die in der Oberpfalz beginnt und in Ländern wie Frankreich, Italien und Spanien endet. So ganz nebenbei erfährt der Leser einiges über die Geschichte der tollen Knolle und über die Oberpfälzer, deren Beziehung zur Kartoffel am Anfang alles andere als Liebe auf den ersten Blick war. Dabei sind sich beide mit ihrer rauen Schale, dem weichen Kern und den im Inneren versteckten Werten sehr, sehr ähnlich …

Mit den Kartoffel-Lieblingsrezepten von Papst emeritus Benedikt, Fürstin Gloria von Thurn und Taxis, Norbert Neugirg, dem Kommandanten der „Altneihauser Feierwehrkapell'n", Toni Laurer und anderen Prominenten aus der Oberpfalz.

Format 17 x 24 cm · 176 Seiten · Durchgängig farbig illustriert · Hardcover · Fadenheftung
ISBN 978-3-935719-95-7 · 19,95 Euro

Erhältlich im Buchhandel und direkt beim Buch & Kunstverlag Oberpfalz, Mühlgasse 2, 92224 Amberg, Telefon 0 96 21/3 06-195, Fax 0 96 21/3 06-197, www.buch-und-kunstverlag.de

Das Kultkochbuch der Oberpfalz von Ehrenkreisbäuerin Roswitha Scheidler

Wenn bei Roswitha Scheidler die Töpfe und Pfannen klappern, dann gibt es echte Gaumenfreuden. Ihre mit viel Humor gewürzten Kochkurse sind Kult. Kein Wunder: Die Gerichte der Meisterin der ländlichen Hauswirtschaft und Neustädter Ehrenkreisbäuerin sind ebenso einfach wie lecker. Und ihre Rezepte sind ebenso alltagstauglich wie gesund. Die „Scheidlerin", 1930 am Fuße des Steinwalds in Erbendorf geboren, kocht nach altüberlieferten Rezepten, so wie sie es von ihrer Mutter und von ihrer Schwiegermutter auf dem Scheidlerhof gelernt hat.

Die frischen Zutaten stammen fast ausschließlich aus der Region, in der Roswitha Scheidler aufgewachsen ist, in der sie ihr ganzes Leben verbracht hat und mit der sie verwurzelt ist. „Spouzn, Schoppala und Schwammerbröih" ist ein ungewöhnliches Kochbuch. Es ist eine kulinarische Liebeserklärung einer Bäuerin an eine Region, in der Liebe wirklich durch den Magen geht. Die Gerichte lassen die Oberpfalz auf der Zunge zergehen.

Format 17 x 24 cm · 160 Seiten · Durchgängig farbig illustriert · Hardcover · Fadenheftung
ISBN 978-3-935719-65-0 · 19,95 Euro

Wenn das Mehl staubt, der Rührbesen scheppert und das Nudelholz den Teig walkt,

dann sind Helga Haberkorn, Annelies Hecht, Gisela Schmid und Robert Dworschak – der Hahn im Korb – in ihrem Element. Zusammen mit rund einem Dutzend Mitstreiterinnen hat sich das Quartett aus dem Landkreis Tirschenreuth als „Weihnachtsbäckerei" für die Aktion „Lichtblicke" einen Namen gemacht. Die Spitzboum, Mokkabussala, Vanillekipfala, Husarenkrapferln und wie die Plätzchen alle heißen, sind heiß begehrt und stets im Nu ausverkauft.

Im Buch „Kouchn, Köichla, Kipfala" verrät das Team nicht nur seine besten Plätzchenrezepte, sondern auch die Zutaten für allerlei andere Leckereien für d'Fosnat, d'Kirwa, a Kindstaaf und was es sonst noch im Laufe eines Jahres zu feiern gibt. Vorab sei ausdrücklich darauf hingewiesen, dass die Oberpfälzer nicht nur beim Verfeinern von Rezepten, sondern auch beim Erfinden von Anlässen fürs Feiern sehr viel Einfallsreichtum beweisen. Naschkatzen kommen da nicht nur zur Weihnachtszeit voll auf ihre Kosten, sondern tun auch noch ein gutes Werk, da die Autorinnen und der Autor ihr gesamtes Honorar der Aktion „Lichtblicke" zur Verfügung stellen.

Format 17 x 24 cm · 160 Seiten · Durchgängig farbig illustriert · Hardcover · Fadenheftung
ISBN 978-3-935719-77-3 · 19,95 Euro

Erhältlich im Buchhandel und direkt beim Buch & Kunstverlag Oberpfalz, Mühlgasse 2, 92224 Amberg, Telefon 0 96 21/3 06-1 95, Fax 0 96 21/3 06-197, www.buch-und-kunstverlag.de